Cyfres y Canrif

BLODEUGERDD
O'R BEDWA
GANRIF AR DDEG

CW01082196

Cyfres y Canrifoedd

BLODEUGERDD BARDDAS O'R BEDWAREDD GANRIF AR DDEG

Golygydd:
Dafydd Johnston

Cyhoeddiadau Barddas 1989

ⓗ ar y casgliad a'r rhagymadrodd Dafydd Johnston

Argraffiad cyntaf – 1989
Ail argraffiad – 1998

ISBN 1-900437-29-5

*Y mae Cyhoeddiadau Barddas yn gweithio gyda chefnogaeth
ariannol Cyngor Celfyddydau Cymru, a chyhoeddwyd y gyfrol
hon gyda chymorth y Cyngor.*

Cyhoeddwyd gan Gyhoeddiadau Barddas
Argraffwyd gan Wasg Dinefwr, Llandybïe, Sir Gaerfyrddin

Cyflwynedig i
Lowri a Gruffydd

Cynnwys

Rhagymadrodd 9

GRUFFYDD AP DAFYDD
AP TUDUR
(c. 1285–1300)

1. Cwyn Serch 23

IORWERTH BELI
(c. 1300–25)

2. I Esgob Bangor 24

GWILYM DDU
(c. 1300–25)

3. Awdl y Misoedd 26

CASNODYN
(c. 1310–40)

4. Moliant Ieuan Llwyd 28
5. Moliant Gwenllian 30
6. I Awd 31

GRONW GYRIOG
(c. 1310–50)

7. Marwnad Gwenhwyfar
   ferch Fadog 33

HILLYN ?
(c. 1320–50)

8. Englyn i Dŷ Newydd Ieuan 34

DAFYDD AP GWILYM
(c. 1330–60)

9. Marwnad Llywelyn ap
   Gwilym 35
10. Basaleg 39
11. Niwbwrch 41
12. Merched Llanbadarn 41
13. Trafferth mewn Tafarn ... 43
14. Dan y Bargod 45
15. Lladrata Merch 46
16. Caru yn y Gaeaf 47
17. Y Niwl 49
18. Noson Olau 51
19. Yr Haf 53

20. Offeren y Llwyn 54
21. Merch ac Aderyn 55
22. Cyngor y Biogen 57
23. Yr Ehedydd 59
24. Y Gwynt 60
25. Breichiau Morfudd 62
26. Morfudd fel yr Haul 64
27. Difrawder 66
28. Dyddgu 67
29. Caru Merch Fonheddig ... 69
30. Ei Gysgod 70
31. Y Bardd a'r Brawd Llwyd 72
32. Y Mab Maeth 74
33. Rhag Hyderu ar y Byd ... 76
34. Doe 77
35. Siom 78
36. Cywydd y Gal 79
37. Morfudd yn Hen 81
38. Yr Adfail 82

GRUFFYDD GRYG
(c. 1340–80)

39. I'r Lleuad 83
40. I'r Byd 85
41. Marwnad Rhys ap Tudur . 86
42. Yr Ywen uwchben Bedd
    Dafydd ap Gwilym 89

MADOG BENFRAS
(c. 1340–60)

43. Yr Halaenwr 90
44. Marwnad Dafydd ap
    Gwilym 92

GRUFFUDD AB ADDA
(c. 1340–70)

45. I'r Fedwen 94

HYWEL AB EINION LYGLIW
(c. 1340–60)

46. Myfanwy Fechan 96

IORWERTH AB Y CYRIOG
(c. 1350–70)

47. I Ddiolch am Gae 99

IOLO GOCH
(c. 1345–1400)

48. I Syr Hywel y Fwyall 100
49. Marwnad Tudur Fychan .. 102
50. Moliant i Feibion Tudur
    Fychan 105
51. Llys Owain Glyndŵr 107
52. I Ddiolch am Farch 109
53. Marwnad Ithel ap Robert . 112
54. Llys Ieuan, Esgob Llanelwy 116
55. Cywydd y Llafurwr 118
56. Marwnad Llywelyn Goch
    ap Meurig Hen 121
57. Dychan i Hersdin Hogl ... 123

LLYWELYN GOCH AP
MEURIG HEN
(c. 1350–90)

58. Moliant Rhydderch ab Ieuan
    Llwyd a Llywelyn Fychan 126
59. Llys Dafydd ap Cadwaladr 128
60. Cywydd i'r Eira 130
61. Marwnad Lleucu Llwyd .. 131
62. Awdl Gyffes 134

DAFYDD BACH AP
MADOG WLADAIDD
(c. 1350–1400)

63. Llys Dafydd ap Cadwaladr 136
64. I Ferch 137

GRUFFUDD AP MAREDUDD
(c. 1350–90)

65. Moliant Tudur ap Gronwy 139
66. Englynion Gwynedd 140
67. Marwnad Gwenhwyfar ... 141

LLYWELYN DDU AB
Y PASTARD
(c. 1350)

68. Marwnad Teulu Trefynor . 146

ITHEL DDU
(c. 1350–80)

69. Cywydd y Celffaint 147

IOCYN DDU AB ITHEL GRACH
(c. 1350–1400)

70. Cwrs Clera 149

YR IUSTUS LLWYD
(c. 1350–1400)

71. Dychan Arglwydd
    Mawddwy 151

TUDUR DDALL
(c. 1350–1400)

72. Neuadd Newydd 154

MADOG DWYGRAIG
(c. 1360–80)

73. Awdl Gyffes 154

RHISIERDYN
(c. 1370–1400)

74. Moliant Abad Aberconwy . 155

SEFNYN
(c. 1370–1400)

75. Moliant Angharad 157

GRUFFUDD LLWYD AP
LLYWELYN GAPLAN
(c. 1380)

76. Marwnad Syr Rhys ap
    Gruffudd Ieuanc 158

GRUFFUDD FYCHAN
(c. 1370–90)

77. Gofyn Telyn 160

GRUFFUDD LLWYD
(c. 1380–1420)

78. I Owain Glyndŵr 162
79. Marwnad Rhydderch 164
80. I Hywel a Meurig Llwyd . 166
81. Marwnad Hywel ap Meurig
    Fychan 169
82. I Ddanfon yr Haul i Annerch
    Morgannwg 170
83. Moliant i'r Drindod 172

Rhagymadrodd

Mae hanes barddoniaeth y bedwaredd ganrif ar ddeg yn dechrau yn 1283. Gyda diflaniad terfynol y tywysogion annibynnol daeth tro ar fyd i'r beirdd a fuasai'n dibynnu arnynt am nawdd. Fe fu'r hanner canrif ar ôl marwolaeth Llywelyn y Llyw Olaf yn drobwynt allweddol yn natblygiad y traddodiad barddol, ac mae'n resyn na wyddom fwy am hanes y beirdd yn y blynyddoedd tyngedfennol hynny. Ond mae'n ddigon eglur mai ateb y beirdd i'r argyfwng a'u hwynebai oedd troi am nawdd at ddosbarth is ei safle cymdeithasol, sef yr uchelwyr. Roedd y dosbarth hwn wedi dod i'r amlwg eisoes dan y tywysogion, ac wedi noddi beirdd i ryw raddau, ond cafodd gyfle i ffynnu dan y drefn wleidyddol newydd, a thrwy ei barodrwydd i roi nawdd i feirdd ac i ymddiddori'n ddeallus yn eu gwaith esgorodd ar adfywiad barddonol hynod o ffrwythlon. Gorfu i'r beirdd weddnewid eu dulliau yn y cyfnod hwn mewn ymdrech i ymaddasu i'r sefyllfa gymdeithasol newydd, ac o'r gweddnewid daeth barddoniaeth egnïol a oedd yn gyfuniad grymus o'r hen a'r newydd.

Y newid mwyaf sylfaenol i'r beirdd oedd colli'u safleoedd breintiedig yn llysoedd y tywysogion. Swyddogion â hawliau a dyletswyddau wedi'u diffinio gan y gyfraith oedd Beirdd y Tywysogion, a'u cerddi'n rhan bwysig o seremonïau'r llys. Yn wreiddiol roedd dau fath o feirdd llys: y Pencerdd, a fyddai'n canu mawl ffurfiol i'r tywysog, a'r Bardd Teulu, a fyddai'n diddanu aelodau o'r llys gyda cherddi ysgafnach. Mae'n debyg mai'r un beirdd fyddai'n cyflawni'r ddwy swyddogaeth erbyn y ddeuddegfed ganrif. Arferent symud o lys i lys o fewn y dalaith, ac weithiau y tu allan iddi gan ymweld â thaleithiau eraill, ond byddai eu bywydau'n gymharol sefydlog yn yr ystyr fod ganddynt safle cydnabyddedig yng ngosgordd y tywysog. Roedd ffordd o fyw Beirdd yr Uchelwyr yn llawer llai sefydlog, gan fod rhaid iddynt ennill eu bywoliaeth trwy rodio'r wlad yn ymweld â phlastai eu noddwyr, adeg gwyliau'n bennaf, heb fod yn perthyn i unrhyw lys yn arbennig. Yr enw am yr arfer hon oedd 'clera', a byddai'r beirdd yn ymgymryd â theithiau neu gylchoedd clera dros ardaloedd eang. Gwelir esiampl o gylch clera yn y gogledd-ddwyrain yng ngherdd Iocyn Ddu, rhif 70. Yn Peniarth 113, un o lawysgrifau John Jones, Gellilyfdy, copïwr diwyd o'r 17eg ganrif, ceir hanes difyr am y bardd Dafydd Bach ap Madog Wladaidd. Wn i ddim faint o goel y gellir ei roi ar y stori, ond mae'n cyfleu naws y bywyd clerwrol i'r dim. Rhagymadrodd ydyw i gopi o'r awdl i lys Bachelldre, rhif 63:

Yr Owdyl unnos o foliant i Ddafydd ap Cadwaladyr o Vachelldre yn sir Drefaldwyn. Yr achos y gelwid hi yr Owdyl unnos oedd: yr awdyr a ddoeth ar nos Nadolic neu ar nos Galan, i blas Dafydd ap Cadwaladyr, ar odde cadw peth oi wilie yno, ond ef a ddoetheu yno lawer o brydyddion a chowydde moliant i Dd. ap Cad. ac ynteu yn dyfod yno heb un cowydd moliant iddo; or achos y bu edifar gantho ei ddyfodiad yno: ag yn esgus a ddywedodd wrth Dd. ap Cad. na ddoetheu ef yno ar fedyr aros, dim ond galw wrth fyned heibio ar ei ffordd yn myned i Ednop at Gruffudd unbais (yr hwnn oedd ysgwier o gorff y twyssog Lewelyn ap Gruffudd ap Llen.) ag a necaodd dario yno, ag a gymerth ei gennad, ac aeth parth ag Ednop, ag ar ei ffordd yn myned tu ag Ednop yn agos i Domen esgob, yr oedd y towydd mor arw ag mor dymhestlog, gann wynt, od a lluwch fal y collodd ef ei ffordd ag y methodd gantho fyned i Ednop, or achos y gorfu arno droi yn ei ol, a dyfod i Vachelldre ar west at Ddafydd ap Cadwaladyr lle y gwrthodasseu ef dario ar wahodd, ag yno, yn ôl adrodd ei ddamwain a ddigwyddasseu iddo, y damunodd ef gael aros yno y nosson honno a chael stafell iddo ei hunan a chanhwylle a losgei ony vae ddydd drannoeth: yr hynn oll a ganiatawyd iddo: ag ynteu a ymroddes y nosson honno i fyfyrio cerdd foliant i Ddafydd ap Cadwaladyr, ac y gwnaeth yr Owdyl honn y nosson honno yr hynn ni wnaetheu neb erioed gerdd oi math mewn cynn vyrred o amser: or achos y gelwid hi yr Owdyl unnos am ei gwneuthur yn un noswaith: a phann ddad-canwyd hi drannoeth ar ginio i Dd. ap Cadwaladr ar osteg yr oedd mwy clod iw howdyr hi, a mwy rhodd a gafas nog yr holl brydyddion eraill am ei holl Gowyddeu moliant, ac ef ai haeddodd yn dda am y vath gerdd orchestol a hi.

Ynddo'i hun nid oedd y bywyd crwydrol yn newid mor ysgytwol i'r beirdd, ond yn sgil y newid hwn daeth bygythiad i'w statws oddi wrth finstreliaid crwydrol a adwaenid wrth yr enw dirmygus 'y glêr'. Roedd y diddanwyr iselradd hyn wedi bodoli yn oes y tywysogion, dan amryw enwau, ond yr adeg honno roedd gwahanfur pendant rhyngddynt hwy a'r beirdd llys. Ar ôl i'r beirdd golli'u breintiau swyddogol a dechrau clera, sef dilyn arfer y glêr, roedd perygl y byddai'r ddau ddosbarth yn ymdoddi'n un, ac y byddai'r traddodiad mawl hynafol yn darfod, fel yr oedd eisoes wedi darfod mewn gwledydd eraill yn Ewrop. Mae ffyrnigrwydd y beirdd wrth iddynt haeru eu bod uwchlaw'r glêr gyffredin yn awgrymu eu bod yn effro iawn i'r perygl hwn, ac yn eiddigeddus iawn o'u statws. Dyma er enghraifft eiriau Iolo Goch amdano ef ei hun a'i gymrodyr Ithel Ddu a Madog Dwygraig:

> *Nid synnwyr ffôl wrth ddolef,*
> *Nid clêr lliw'r tryser llawr tref,*
> *Nid beirdd y blawd, brawd heb rym,*
> *Profedig feirdd prif ydym.*

Gwelwn Iorwerth Beli'n cwyno yn rhif 2 am y croeso a roddid i gerddorion rhagor beirdd yn llys Esgob Bangor, ac yn cyfeirio'n benodol at y parch a gawsai'r beirdd yn oes y tywysogion. Ni fu'r math hwn o apêl yn ofer, oherwydd fe lwyddodd y beirdd i ddiogelu'u statws uwchraddol trwy ennill ymddiriedaeth yr uchelwyr. Crynhodd Dafydd ap Gwilym y berthynas rhyngddo a'i noddwr wrth gyfarch Ifor Hael:

> *Rhoist ym swllt, rhyw ystum serch,*
> *Rhoddaf yt brifenw Rhydderch.*

Roedd Rhydderch Hael yn gymeriad chwedlonol o'r Hen Ogledd a oedd yn batrwm o noddwr delfrydol yn y traddodiad mawl. Cyflawnodd Dafydd ei addewid, oherwydd fe ddaeth Ifor Hael yn enwog fel patrwm o noddwr ym marddoniaeth y ddwy ganrif ganlynol. Felly cyfnewid gwbl deg a chytbwys oedd y berthynas rhwng noddwr a bardd, ac ni allasai hynny fod oni bai i'r noddwyr dderbyn hawl foesol y beirdd i foli fel cynrychiolwyr traddodiad barddol y tywysogion.

Felly llwyddodd y beirdd i gadw'r gwahanfur rhyngddynt hwy a'r glêr. Ond nid mater o elyniaeth lwyr oedd y berthynas rhwng y ddau ddosbarth bob amser. Wrth iddynt gystadlu am nawdd yn nhai'r uchelwyr, bu'r beirdd yn agored i ddylanwad llesol gan y glêr. Y peth pwysicaf a ddysgasant ganddynt oedd yr angen i ddiddanu. Diddanwch oedd unig sail apêl boblogaidd y minstreliaid, a diau eu bod yn feistri ar ddifyrru cynulleidfa gyda phob math o gampau hynod yn ogystal â'u rhigymau a'u cerddoriaeth. Yn yr hen awdlau moliant seremonïol, ar y llaw arall, roedd urddas traddodiadol yn llawer pwysicach na diddanwch, ac felly roedd yr arddull yn ddyrys a phwysfawr a'r ieithwedd yn hynafol. Rhywbeth a berthynai i swyddogaeth y Bardd Teulu oedd diddanu. Yn oes yr uchelwyr roedd urddas y traddodiad mawl yn dal i fod yn hanfodol bwysig i'r beirdd er mwyn iddynt gynnal eu hygrededd yng ngolwg eu noddwyr, fel y gwelsom, ond roedd yn rhaid wrth gerddi diddan hefyd er mwyn cystadlu'n llwyddiannus am groeso yn y neuaddau. Felly daeth swyddogaeth yr hen Fardd Teulu'n llawer mwy blaenllaw yng ngwaith y beirdd, a chyfunwyd rhinweddau diddan ei ganu yntau â chelfyddyd a gwerthoedd traddodiadol y beirdd mawl. Nid rhywbeth a ddigwyddodd yn sydyn dros nos oedd y datblygiad hwn, ond roedd yn duedd anochel yn y sefyllfa newydd a oedd ohoni. Mae'n ymddangos mai'r bardd cyntaf i lawn sylweddoli'r angen am fath newydd o ganu oedd Dafydd ap Gwilym, a hynny oddeutu 1330.

Dafydd oedd y bardd cyntaf, hyd y gwyddom, i ddefnyddio mesur y cywydd deuair hirion yn helaeth, ac yn sicr ei gywyddau serch ef a fu'n gyfrifol am boblogeiddio'r mesur a'i wneud yn brif fesur Beirdd yr Uchelwyr, cymaint felly fel y sonnir amdanynt yn aml wrth yr enw 'cywyddwyr'. Go brin mai cyd-ddigwyddiad oedd y ffaith fod y mesur newydd hwn wedi dod i'r amlwg ar yr union adeg pan fu adfywiad yn y traddodiad barddol. Roedd angen mesur newydd i alluogi'r beirdd i dorri'n rhydd oddi wrth hualau arddull yr hen awdlau, ac roedd hwn yn fesur perffaith addas i ofynion y sefyllfa newydd. O'i gymharu â'r hen awdlau lle ceid cyfresi o linellau unodl, mae'n hawdd gweld fod trefn gwpledol y cywydd yn ei wneud yn fesur sionc a hyblyg, heb ormod o gymhlethdod myd-ryddol megis odlau mewnol, ac felly'n arbennig o addas ar gyfer diddanu cynulleidfa trwy adrodd stori neu dynnu llun, fel y gwelir yn 'Trafferth mewn Tafarn' (rhif 13) a 'Llys Owain Glyndŵr' (rhif 51).

Felly symlder hyblyg oedd un o gryfderau'r cywydd. Ond ni wnâi symlder y tro ar ei ben ei hun. Roedd angen urddas celfyddyd hefyd er mwyn pwysleisio'r gwahaniaeth rhwng beirdd a chlêr. Proses o gywreinio graddol trwy dynnu ar grefft Beirdd y Tywysogion oedd hanes datblygiad cynnar y cywydd. Mae'n bur debyg mai o'r traethodl (gw. rhif 31 yma) y tarddodd y cywydd. Cyfres o gwpledi seithsill digynghanedd oedd y traethodl, ac roedd yn fesur rhy syml i'w ddefnyddio gan Feirdd y Tywysogion. Gan y glêr y cafwyd y traethodl, a chrewyd y cywydd (gan Ddafydd ap Gwilym ei hun o bosibl) trwy ychwanegu patrwm odli esgyll yr englyn unodl union, a rhoi cynghanedd ynddo.

Addurn a ddatblygwyd mewn awdlau ac englynion oedd y gynghanedd, ac ni ddaeth i'w llawn dwf fel cyfundrefn gaeth tan ail hanner y 14eg ganrif. Ceir llawer o enghreifftiau o gynganeddion gwreiddgoll a phengoll yng ngwaith beirdd hanner cyntaf y ganrif. Yn raddol y diflannodd y cynganeddion anghyflawn hyn o farddoniaeth y cyfnod, ac yn raddol hefyd y cynganeddwyd y cywydd. Ceir nifer o linellau digynghanedd yn rhai o gywyddau Dafydd ap Gwilym (e.e 'Merched Llanbadarn', rhif 12 yma), ond diflannodd y llacrwydd hwn erbyn ail hanner y ganrif. Mae'r cywreinio hwn yn cyd-fynd â newid yn y defnydd a wneid o fesur y cywydd. Mesur y canu serch yn bennaf oedd y cywydd cynnar yn nwylo Dafydd ap Gwilym, a gellid caniatáu llacrwydd crefft ar y fath bwnc ysgafn. Wrth i'r cywydd ddod yn gyfrwng ar gyfer canu mawl traddodiadol yn nwylo Iolo Goch o tua 1350 ymlaen daeth angen am fwy o gywreinrwydd crefft i adlewyrchu urddas y noddwyr a gyferchid. Yn ei ffurf ddatblygedig roedd y cywydd yn gyfaddawd boddhaol rhwng awdlau astrus Beirdd y Tywysogion a cherddi syml y glêr, yn cyfranogi o rinweddau'r ddau fath o ganu, urddas y naill a diddanwch y llall. Mae llawer o egni creadigol barddoniaeth y cyfnod yn deillio o'r tyndra rhwng y ddau begwn hyn.

Gwelir yr un tyndra ar waith yn y gwahanol fathau o arddull a ddefnyddid wrth ganu ar fesur y cywydd. Pwysleisiais fod y cywydd yn fesur symlach na'r hen awdlau; mae angen cymhwyso rywfaint ar y pwynt hwnnw wrth ystyried y ffyrdd y triniai'r beirdd y mesur newydd. O'r cychwyn cyntaf gwelsant werth y cwpled fel uned gryno a bachog, ac wrth gwrs dyna gryfder cynhenid y cywydd a gyrhaeddodd ei anterth yng nghanu llyfn beirdd y bymthegfed ganrif. Ond ar yr un pryd ceid math cwbl wahanol o arddull, nodweddiadol o'r bedwaredd ganrif ar ddeg yn arbennig, mewn darnau lle mae'r brif frawddeg yn ymestyn dros nifer o linellau, wedi'i chwyddo gan sangiadau sy'n torri ar draws ei rhediad. Ceir esiampl nodedig yn llinellau agoriadol 'Cywydd y Llafurwr' (rhif 55). Gall darnau fel hyn achosi anawsterau o ran dealltwriaeth, a hefyd o ran ymateb esthetig, gan eu bod yn ymddangos yn orgelfyddydol. Mae'n ddigon posibl y gallai'r datgeiniad wneud rhediad y gystrawen yn eglur drwy ystumiau neu drwy amrywio tôn ei lais. Rhaid cofio mai cerddi i'w perfformio oedd y rhain yn wreiddiol, a'n bod ni'n colli llawer o'u heffaith wrth eu darllen yn dawel. (Mae cyfeiliant y delyn yn beth arall na ellir ei ail-greu nawr, ysywaeth — gw. 77.13-16). Ond rhaid cofio hefyd fod yr arddull anodd hon yn cael ei gwerthfawrogi'n arbennig yn y cyfnod fel ffordd ddyrchafedig o ganu, arddull a oedd uwchlaw'r iaith gyffredin. Yn sicr dyma agwedd arall ar y broses o gywreinio'r cywydd yn y bedwaredd ganrif ar ddeg. Rhaid gwneud ymdrech i werthfawrogi'r gohirio celfydd ar gyflawniad y gystrawen, a chyfraniad y sangiadau i greu cyfanwaith sy'n wead cyfoethog.

Yn ogystal â'r ddau fath hyn o arddull fe geid trydydd math, y symlaf yn gystrawennol, a'r mwyaf traddodiadol hefyd, sef yr arfer o gyfosod ymadroddion yn gyfresi hir heb fawr o gyswllt gramadegol rhyngddynt. Darnau delweddol yw'r rhain fel rheol, ac mae'n debyg fod y delweddau'n ddigon o addurn ynddynt eu hunain i gyfiawnhau arddull mor syml. Esiamplau gwych o'r math hwn o ganu yw'r darnau o ddyfalu (e.e yn 'Y Niwl', rhif 17), lle disgrifir y gwrthrych trwy gymariaethau dychmygus, un o gryfderau mwyaf disglair y beirdd hyn. Gwelir Iolo Goch yn defnyddio'r arddull hon i greu diweddglo rhethregol grymus i'w gywydd i Syr Hywel, rhif 48.

Roedd yr arddull gyfosodol hon yn nodweddiadol o'r hen awdlau, ac wrth gwrs mae'n parhau yn awdlau'r 14eg ganrif, yn enwedig yng ngwaith beirdd ceidwadol fel Gruffudd ap Maredudd. Mae ei awdl ef i Dudur ap Gronwy (rhif 65) yn enghraifft dda o arddull Beirdd y Tywysogion. Mae pentyrru ymadroddion clodforus yn creu argraff fawreddog, ond mae'r diffyg amrywiaeth cystrawennol yn ei gwneud yn gerdd undonog. O'i gymharu â honno mae ystwythder arddull y cywydd yn drawiadol. I aros gydag 'Y Niwl' o waith Dafydd ap Gwilym, gallwn weld y tri math o arddull a amlinellwyd uchod: y ddwy frawddeg estynedig yn llau 1-14 (mae cyffro'r disgwyl i'w deimlo'n gryf yn y sangiadau yma); y gyfres o ddelweddau cyfochrog yn dyfalu'r niwl; y diweddglo cwpledol llyfn yn mynegi siom y bardd. Roedd y cyfle i amrywio arddull fel hyn yn gryfder mawr yn y cywydd cynnar. Roedd lle ynddo ar gyfer arddull argraffiadol yr awdlau, a chystrawennu celfydd, a hefyd ganu cwpledol golau. Gallai gyfuno'r hen a'r newydd, yr astrus a'r syml, a dyna paham y bu mor allweddol mewn cyfnod pan oedd y beirdd yn ymaddasu i sefyllfa gymdeithasol gymhleth a hylif.

Er pwysiced oedd cyfraniad y cywydd yn y cyfnod hwn, cam-gymeriad fyddai dodi gormod o bwyslais arno ar draul yr awdl, a llunio cyferbyniad syml rhwng y ddwy ffurf fel y gwnes innau uchod, oherwydd byddai golwg unllygeidiog felly'n anwybyddu rhai o ogoniannau barddoniaeth y ganrif. Awdl rymus iawn sydd heb gael y sylw mae'n ei haeddu yw marwnad Llywelyn Ddu i deulu Trefynor (rhif 68). Mae'n demtasiwn dyfalu fod honno, fel 'Yr Adfail' Dafydd ap Gwilym efallai, yn cofnodi ymateb bardd i'r difrod a wnaed gan y Pla Du yng nghanol y ganrif, 'gwedy nad oes awr heb fawr farwnad'.

O'u cymharu â strwythur pendant llawer o'r cywyddau cynnar mae'r awdlau'n ymddangos braidd yn ddigyfeiriad, yn aros yn eu hunfan yn ailadroddus. Gall y nodwedd hon fod yn gryfder ar ambell destun. At ei gilydd, mae'r awdl ar ei gorau pan yw'r testun yn gofyn am ymdriniaeth araf ac urddasol, megis mawl neu farwnad i wraig fonheddig. Yr enghraifft orau o'r math hwn o ganu yw 'Marwnad Gwenhwyfar' o waith Gruffudd ap Maredudd (rhif 67), cerdd eith-riadol o gain sy'n manteisio ar gynfas eang a symudiad araf yr awdl i fynegi galar obsesiynol yn troi o amgylch y cyferbyniad poenus rhwng prydferthwch y ferch a gerwindeb y bedd. Mae honno'n perthyn i draddodiad o awdlau serch (ond mawl mewn gwirionedd) i ferched neu wragedd priod yn ymestyn yn ôl i oes y tywysogion, a cheir esiamplau eraill yma o waith Casnodyn, Gronw Gyriog, Hywel ab Einion Lygliw, a Sefnyn (rhifau 5, 6, 7, 46, 75). Mae'n haws ymateb i gerddi serch bywiocach Dafydd ap Gwilym, ond fe gollwn wedd bwysig ar farddoniaeth y cyfnod os na werthfawr-ogwn geinder yr awdlau hyn.

Mae tuedd wedi bod i drafod cywyddau ac awdlau'r bedwaredd ganrif ar ddeg yn gyfan gwbl ar wahân i'w gilydd, gan sôn am y genhedlaeth olaf o'r Gogynfeirdd a'r Cywyddwyr cynnar fel pe baent yn perthyn i gyfnodau gwahanol. Mewn gwirionedd, nid yn unig yr oedd y beirdd hyn yn canu yr un pryd, ond hefyd yr oedd yr un beirdd weithiau'n canu yn y ddau ddull. Mae hyn yn wir am ddau gywyddwr mawr y ganrif, Dafydd ap Gwilym (gw. rhif 9 yma) a Iolo Goch, ac yn arbennig am Lywelyn Goch ap Meurig Hen, bardd y mae'n anodd iawn penderfynu i ba garfan mae'n perthyn, gan ei fod yn ymddangos yr un mor gartrefol gyda'r ddau ddull. Mae'n bwysig felly ein bod yn ystyried y farddoniaeth yn ei chrynswth, yn awdlau a chywyddau, er mwyn inni gael golwg gyflawn ar gyn-nyrch cyfoethog y ganrif amlweddog hon.

Yn y bedwaredd ganrif ar ddeg y daeth serch am y tro cyntaf yn bwnc canolog ym marddoniaeth Gymraeg, yng ngwaith Dafydd ap Gwilym a'i ddilynwyr. Wrth gwrs nid oedd Dafydd heb ei ragflaenwyr ym maes y canu serch. Cafwyd rhai rhieingerddi gan Feirdd y Tywysogion, a gellir canfod ynddynt olion y dylanwadau cyfandirol sydd mor amlwg yng ngwaith Dafydd. Ceir dwy gerdd serch arwyddocaol o waith y genhedlaeth gyntaf o Feirdd yr Uchelwyr, sef 'Cwyn Serch' Gruffudd ap Dafydd ap Tudur (rhif 1), ac 'I Awd' Casnodyn (rhif 6). Mae cerdd Gruffudd yn un soffistigedig iawn sy'n chwarae â'r confensiwn llenyddol fod y carwr yn nychu hyd farwolaeth o gariad at y ferch oer a chreulon, thema gyffredin iawn yng ngwaith Dafydd. Trwy ddangos gwiriondeb y confensiwn hwnnw mae'r bardd yn gwneud hwyl am ei ben ei hun, ac yn hynny o beth mae'n achub y blaen ar un o ddulliau pennaf Dafydd o greu digrifwch. Yng ngherdd Casnodyn gwelwn yr un agwedd ymbilgar tuag at y ferch, a hefyd fwriad y bardd, gan na chaiff ei phriodi, i garu'n llechwraidd gyda hi yn y goedwig. Dyma thema'r oed sydd mor amlwg yng ngwaith Dafydd:

> Da gyngor rhagor rhag fy nifrawd – ym,
>   Am nas caf yn briawd:
> Dwyn hwyl dyn gŵyl, golau wawd,
> Dan frig y goedwig ag Awd.

Mae cerddi rhagflaenwyr Dafydd ap Gwilym yn werthfawr i'n hatgoffa am lenyddoldeb llawer o'i ganu serch ef. Roedd serch yn bwnc ffasiynol ymhlith gwŷr a gwragedd bonheddig Ewrop gyfan yn y cyfnod hwn, ac roedd marchnad eiddgar yn y llysoedd ar gyfer llenyddiaeth serch o bob math, o ddathlu delfrydau aruchel i gofnodi helyntion trwstan. Cawn syniad am boblogrwydd y canu serch ymhlith uchelwyr Cymru yn y darn hwn o farwnad Iolo Goch i Lywelyn Goch, bardd Lleucu Llwyd:

> Pan ofynner, arfer oedd
> Y lleisiau yn y llysoedd,
> Cyntaf gofynnir, wir waith,
> I'r purorion, pêr araith,
> Rhieingerdd y gŵr hengoch,
> Lliaws a'i clyw fal llais cloch.

Mae'n amlwg felly fod cywyddau Dafydd ap Gwilym wedi ateb galw mawr yng Nghymru, ac mae hynny'n wir nid yn unig am gywyddau storïol digrif fel 'Trafferth mewn Tafarn', a 'Dan y Bargod' (rhifau 13 a 14), ond hefyd am rai mwy difrifol fel 'Morfudd fel yr Haul' a 'Caru Merch Fonheddig' (rhifau 26 a 29) sy'n ymddangos yn fwy mewnblyg-bersonol. Un rheswm am lwyddiant Dafydd ap Gwilym, mi gredaf, oedd y ffaith fod ei brofiad personol yn digwydd cyd-daro â'r ffasiynau serch llenyddol, fel ei bod yn anodd iawn gwybod p'un oedd yn ysgogi'r llall. Mae cymeriad y bardd ei hun yn llawer mwy canolog yng ngwaith Dafydd nag yr oedd yng ngwaith ei ragflaenwyr, ac mae'n siŵr fod yr elfen bersonol hon yn ffactor bwysig a gyfrifai am ei apêl i'w gyfoeswyr. Dilyn ei esiampl ef a wnaeth beirdd fel Madog Benfras gyda'i hanes ymffrostgar 'Yr Halaenwr' (rhif 43), ac Ithel Ddu yn ei gywydd digrif hunanwawdus i'r celffaint (rhif 69). Byddai'r wedd ddramatig ar berfformiad byw cerddi personol fel hyn yn eu gwneud yn ddiddanwch gwych yn neuaddau'r uchelwyr.

Mae'r elfen bersonol hefyd yn bwysig iawn yng nghyfraniad Dafydd ap Gwilym i'r canu mawl. Roedd y safbwynt llywodraethol yn yr awdlau mawl traddodiadol yn un cwbl amhersonol. Gydag ychydig eithriadau prin, nid oedd cymeriad y bardd ei hun yn elfen ynddynt o gwbl. Mawl gwrthrychol i'r tywysog oedd y norm. Yn y dyrnaid o gywyddau a ganodd i Ifor Hael o Forgannwg (un ohonynt yw 'Basaleg', rhif 10 yma) cymerodd Dafydd ddau gam chwyldroadol. Ef oedd y cyntaf, hyd y gwyddys, i ddefnyddio'r cywydd wrth foli uchelwr. Cyn hynny mesur y canu serch oedd y cywydd, ac roedd yn ddiurddas o'i gymharu â'r awdl. Ac yn y cywyddau i Ifor ceir mawl goddrychol sy'n pwysleisio'r berthynas glòs rhwng y bardd a'i noddwr. 'Dau ufuddach wyd i'th fardd . . . no'r llaw i'r llall,' meddai wrtho. Mae'n rhaid fod Dafydd yn ymwybodol iawn o newydd-deb rhyfygus y cywyddau hyn, oherwydd roedd yn feistr ar yr awdl foliant draddodiadol, fel y gwelir yn ei farwnad wych i'w ewythr a'i athro barddol, Llywelyn ap Gwilym, rhif 9 yma.

Gallwn dybio fod Ifor ei hun yn ddyn blaengar a oedd yn barod i dderbyn Dafydd fel cyfaill a chaniatáu'r cerddi mawl eithriadol hyn fel arwydd o'u cyfeillgarwch. Ond mae arwyddocâd llawer ehangach na hynny i'r cerddi hyn, a chredaf eu bod ar un ystyr yn gam ymlaen anochel ym marddoniaeth y cyfnod. Maent yn adlewyrchu'r berthynas newydd rhwng beirdd a noddwyr yn oes yr uchelwyr. Bellach nid oedd gwahaniaeth pendant rhyngddynt o ran safle cymdeithasol, fel y buasai yn oes y tywysogion. Roedd yr uchelwyr dipyn yn fwy cefnog na'u beirdd fel rheol, ond gwŷr rhydd cydradd oedd y ddwy garfan serch hynny. Mae hyn yn arbennig o glir yn achos Dafydd ei hun a Llywelyn Goch ap Meurig Hen, ill dau'n hanfod o hen deuluoedd uchelwrol. Roedd statws Iolo Goch dipyn yn is, a chlera efallai'n bwysicach iddo ef o'r herwydd, ac eto roedd yn ŵr rhydd â rhan o afael etifeddol yn Nyffryn Clwyd, a gwyddom ei fod yn drydydd cefnder i'w brif noddwr, Ithel ap Robert. Rhaid cofio hefyd fod llawer o'r uchelwyr yn ymddiddori mewn barddoniaeth eu hunain, ac y byddai hynny'n dod â bardd a noddwr yn nes at ei gilydd, fel y gwelir yn awdl Casnodyn i Ieuan Llwyd (rhif 4, llau 49-52), ac yng nghywydd Llywelyn Goch i'w neiaint yn Nannau (rhif 60). Roedd yn anochel felly y byddai naws y cerddi mawl yn adlewyrchu'r sefyllfa newydd, ac y byddai'r beirdd yn defnyddio rhai o ddulliau mwy uniongyrchol-bersonol y cywydd serch.

Gwelir effaith y newid hwn yn glir iawn yng nghywydd Iolo yn diolch i Ithel ap Robert am farch (rhif 52). Mae'r sgwrs rhwng y bardd a'i hen farch yn darparu agoriad dramatig i'r gerdd, yna cawn ddarn naratif bywiog yn disgrifio dyfodiad y march a llawenydd y bardd, sy'n troi'n destun digrifwch wrth iddo ofidio am beryglon y ffordd adref ar gefn y march llamsachus. Mae'r gerdd yn cau gyda mawl i Ithel, gan bwysleisio'r berthynas arbennig sy'n bodoli rhyngddo a'r bardd:

Fy nhadmaeth ehelaeth hael
Imi weithian yw Ithael,
A'm caifn ydyw, a'm cyfaillt,
Amau o beth, a'm mab aillt.

Llwyddai cerddi dyfeisgar fel hon i gyfuno mawl a diddanwch, ac felly roedd eu hapêl yn ddiogel. Iolo Goch yn anad neb sy'n gyfrifol am gadw'r cydbwysedd rhwng y ddwy elfen, a sicrhau parhad y traddodiad mawl ar fesur y cywydd ochr yn ochr â'r canu serch poblogaidd. Roedd seiliau'r mawl yn ymestyn yn ôl i oes y tywysogion, a llawer o'r ieithwedd a'r delweddau hefyd (fel y gwelir ym marwnad Iolo i Dudur Fychan, rhif 49), ond fe fu newid arwyddocaol a effeithiodd ar ansawdd y farddoniaeth, er lles unwaith eto mi gredaf.

Roedd yr uchelwyr yn dal i gael eu moli am eu cadernid a'u haelioni yn arwain ac yn noddi'u pobl, yn union fel y tywysogion, ond roedd un peth sylfaenol yn eisiau bellach, sef sofraniaeth y tywysog. Roedd gan dywysog hawl foesol ar foliant y beirdd am ei fod yn cynrychioli llinach frenhinol y dalaith. Roedd yn rhaid i uchelwr, ar y llaw arall, ennill moliant trwy rinwedd ei gymeriad, ei weithredoedd, a'i ffordd o fyw — h.y. trwy ei uchelwriaeth. Moliant y bardd fyddai'n rhoi sêl bendith ar ei safle cymdeithasol ac yn datgan ei fod yn uchelwr o'r iawn ryw. Os caf grynhoi'n eithafol er mwyn gwneud pwynt, roedd tywysog yn cael ei foli am ei fod yn dywysog, ond roedd uchelwr yn uchelwr am ei fod yn cael ei foli. Roedd enw da neu glod yr uchelwr yn eithriadol o bwysig iddo mewn sefyllfa gymdeithasol hylif (i'r uchelwyr o leiaf, a allai esgyn neu ddisgyn yn rhwydd). Dyma un rheswm sylfaenol iawn dros noddi beirdd, ac fe allai fod yn ffactor sy'n egluro ffyniant y gyfundrefn farddol yn yr Oesoedd Canol diweddar.

Fe effeithiodd y newid hwn ar ansawdd y cerddi mawl trwy beri iddynt ganolbwyntio sylw ar yr arwyddion o uchelwriaeth — ach yr uchelwr, ei gampau milwrol, ei swyddi, ei haelioni, ac yn anad dim ei dŷ a'i ystad. Cryfder mawr yn y farddoniaeth yw'r manylder penodol a ddaw yn sgil canolbwyntio ar y pethau gwrthrychol hyn, yn arbennig yn y disgrifiadau o fywyd y llys. Hanfod uchelwriaeth, neu berchentyaeth, oedd y llys moethus, agored, a fyddai'n ganolbwynt i'r gymuned leol, a hefyd yn sumbol gweladwy o statws yr uchelwr. Cawn Gasnodyn yn canmol llys Ieuan Llwyd o Lyn Aeron yn rhif 4, ac yno y ceir yr unig esiampl, hyd y gwn i, o'r term *uchelwriaeth* ym marddoniaeth y ganrif (ni ddigwydd *perchentyaeth* tan y 15fed ganrif, ond rhaid bod y cysyniad yn bod cyn hynny). Englyn i dŷ yr un Ieuan yw rhif 8 hefyd, mae'n debyg, yr enghraifft gynharaf o'r arfer o ganu cerdd i ddathlu codi tŷ newydd. Mae'r llinell olaf herfeiddiol yn awgrymu ysbryd ymffrostgar y gŵr a gododd y tŷ: 'Neb ni chyst y rhyw byst byth.' Ochr arall yr un geiniog yw'r dychan chwerw yn rhif 72, gan fardd a gaewyd allan o dŷ mawreddog mae'n siŵr. Cawn ddarlun cyfoethog o fywyd uchelwrol llys Bachelldref mewn dwy awdl o waith Llywelyn Goch a Dafydd Bach ap Madog Wladaidd (rhifau 59 a 63), sy'n dangos yn eglur yr arfer o ganmol uchelwr trwy ganolbwyntio ar ei lys.

Yng ngwaith Iolo Goch y cyrhaeddodd y traddodiad hwn o foli llysoedd ei uchafbwynt, a hynny mae'n debyg yn chwarter olaf y ganrif. Cawn ddisgrifiadau ganddo o foethusrwydd llysoedd Cwnstabl Castell Cricieth ac Esgob Llanelwy yn rhifau 48 a 54, ond ei gerdd fwyaf oll yw ei gywydd mawreddog i Sycharth, rhif 51. Mae hwn yn glasur yn yr ystyr ei fod wedi darparu patrwm ar gyfer llawer o gerddi pensaernïol yn y canrifoedd dilynol. Mae manylder y disgrifio'n gryfder amlwg yn y gerdd hon, ond yr hyn sy'n ei gwneud yn gerdd fawr yw'r ymwybyddiaeth o drefn gynhwysfawr y tu ôl i'r holl fanylion sy'n troi'r darlun cyfan yn sumbol cyfoethog o harmoni cymdeithasol yn seiliedig ar ddelfrydau uchelwriaeth.

Canu delfrydol yw hwnnw wrth gwrs, fel pob cerdd fawl yn yr Oesoedd Canol. O gofio am hanes diweddarach Owain mae'r cwestiwn yn codi, i ba raddau y mae'r farddoniaeth yn mynegi gwir dyndra ac anesmwythyd yr oes? Mae'r canu dychan yn rhoi darlun gwahanol iawn, ond yr un mor eithafol yn ei ystrydebau. Mae cerddi dychan fel eiddo'r Iustus Llwyd (rhif 71) yn ein hatgoffa nad oedd croeso hael i'r beirdd ym mhob llys, ond nid ydynt yn gymorth i ddeall y rhesymau am hynny. Ceir mwy o oleuni ar gyflwr y byd cyfoes yn y canu cymdeithasol, fel 'I'r Byd' Gruffudd Gryg (rhif 40), a rhan gyntaf cywydd Gruffudd Llwyd i Owain Glyndŵr (rhif 78), ond rhaid cofio fod themâu ystrydebol yn y math hwnnw o ganu hefyd.

Gall darllen rhwng y llinellau fod yn ddadlennol weithiau. Er enghraifft mae canmoliaeth Iolo Goch i'r llafurwr diwyd yn rhif 55 yn adlewyrchiad anuniongyrchol o'r anesmwythyd a fu ymhlith y werin yn rhan olaf y ganrif. Pan ddywed Iolo yn ei farwnad i Dudur o Benmynydd (rhif 49), 'Ni chollai wan . . . tref ei dad tra fu Dudur,' dylem gofio am y gormes a fu ar y Cymry wrth sefydlu'r trefedigaethau Seisnig ar ôl 1283. Mae cywydd Gruffudd ab Adda i'r fedwen (rhif 45) yn llawer mwy na chŵyn cadwriaethwr cynnar; mae'n fynegiant o elyniaeth y Cymry tuag at y trefi Seisnig newydd a'u breintiau masnachol.

Trychineb mwyaf y cyfnod oedd y Pla Du yng nghanol y ganrif, a laddodd ryw draean o boblogaeth Ewrop, ac mae tawelwch y beirdd ar y pwnc hwn braidd yn siomedig. Mae englynion Gruffudd ap Maredudd, rhif 66, yn fynegiant cynnil o ofn pobl Gwynedd rhag y pla, a gallwn ddyfalu ynglŷn â chefndir rhifau 38 a 68 fel y gwelwyd. Ond y gerdd sy'n llwyddo orau i gyfleu'r ymdeimlad o drychineb dychrynllyd terfynol yw rhif 53, marwnad fawreddog Iolo Goch i Ithel ap Robert a fu farw o'r pla niwmonig, mae'n ymddangos. Gwelir dwyster arbennig mewn nifer o farwnadau yn ail hanner y ganrif (cymh. rhifau 49, 61, 67, 68 a 81), a chredaf mai effaith y pla sy'n gyfrifol am hynny, gyda'r ymwybyddiaeth o rym hollbresennol angau a ddaeth yn ei sgil.

Ar ddiwedd marwnad Ithel ap Robert daw cysur o weld y trychineb daearol yng nghyd-destun Dydd y Farn. Credid yn gyffredin yn y cyfnod hwnnw fod diwedd y byd yn agos, ac felly roedd Dydd y Farn yn beth byw iawn ym meddyliau pobl. Gallai rhai gorthrymedig fel y llafurwyr ymgysuro wrth ddisgwyl eu gwobr yn y nefoedd (rhif 55), ond wrth gwrs roedd y Farn yn destun dychryn hefyd. Ofn oedd y brif elfen yng nghanu crefyddol y ganrif, fel y gwelir yn awdlau cyffes Llywelyn Goch a Madog Dwygraig (rhifau 62 a 73), dau fardd sy'n fwy hysbys ar gyfrif eu canu bydol. Ond fel y disgwylid gan feirdd mawl, mae graen arbennig ar eu moliant i Dduw, 'Arglwydd yr holl arglwyddi.' Roedd meddylfryd beirdd y bedwaredd ganrif ar ddeg yn drwyadl Gristnogol, ac mae'n briodol felly fod y detholiad hwn yn cau gyda chywydd urddasol i Dduw gan fardd mwyaf athronyddol y ganrif, Gruffudd Llwyd.

Mae arnaf ofn fod yr arolwg hwn wedi bod yn ddamcaniaethol iawn, ond mae hynny'n anochel i ryw raddau oherwydd natur fylchog y dystiolaeth sydd gennym. Rhaid mai cyfran fechan o'r farddoniaeth a gyfansoddwyd sydd wedi goroesi. Dim ond dwy law-ysgrif o'r cyfnod sy'n cynnwys cerddi cyfoes, sef Llawysgrif Hendregadredd (ffynhonnell rhifau 5, 8, a 68), a Llyfr Coch Hergest, casgliad gwych sy'n cynnwys rhifau 1, 3, 5-7, 58, 62, 63 (rhan), 65-67, 70-75. Mewn llawysgrifau diweddarach o gryn dipyn y ceir copïau o'r cerddi eraill. Dafydd ap Gwilym yw'r unig fardd y mae swmp mawr o'i waith wedi goroesi. Pe bai gennym ragor o waith Gruffudd ap Dafydd ap Tudur, neu Gronw Gyriog, neu Lywelyn Ddu ab y Pastard, er enghraifft, gallai'r darlun fod dipyn yn wahanol.

Problem arall yw dyddiadau'r beirdd. Bras amcan yn unig am y cyfnodau y buont yn weithgar yw'r dyddiadau wrth eu henwau yn y tabl cynnwys. Mae'n weddol eglur fod pedair cenhedlaeth o feirdd yn ystod y ganrif, yn cyfateb yn fras i chwarteri'r ganrif, sef rhagflaenwyr Dafydd ap Gwilym, yna Dafydd ei hun a'i gyfoeswyr fel Gruffudd Gryg a Madog Benfras, yna Iolo Goch, Llywelyn Goch, Gruffudd ap Maredudd a nifer o feirdd eraill, ac yn olaf ar ddiwedd y ganrif Gruffudd Llwyd. Ond pan fydd rhywun yn mynd ati i geisio penderfynu'r union berthynas rhwng y beirdd hyn, pwy oedd yn dylanwadu ar bwy ac ati, yna mae pethau'n mynd yn ddyrys, yn arbennig tua chanol y ganrif. Ond mewn ffordd ryfedd mae'r holl ansicrwydd hyn yn rhan o swyn y ganrif i mi. Mae'n gyfnod o drawsnewid, yn llawn gwrthdaro a chyffro creadigol, ac rwy'n gobeithio fod y detholiad hwn yn adlewyrchu hynny.

GRUFFUDD AP DAFYDD AP TUDUR

1   *Cwyn Serch*

Nid lles ym geisaw, llafur brwyngur braẃ,
Rhof a phryd alaw, fal ffrwd wylais,
Lluniaw tangnefedd; llifran, gwahan gwedd,
4 Braint cyflafaredd cyflafuriais.
Llidiawg fu genti, llidiant rhwyddiant rhi,
Beiddaw ei henwi pan y'i henwais.

'Llithged, breinged brwyn, llaes firain forwyn,
8 Llyma fy mawrgwyn, nid am eurgais,
Rhag lliw ton ertrai, mae fy llaw arnai,
Rhai a'i rhyfeddai nas rhwy feddais:
Llifaw fy ngruddiau a'm lladd heb arfau,
12 Minnau, ei maddau nis meddyliais;
Yn y Llun cyntaf o ddechrau gaeaf,
Pan fydd anaraf ton fasaf fais,
Yr unfed flwyddyn — o oed a therfyn
16 Iawnder yw gofyn, hyn a honnais —
Ar ddeg, rwymdeg rin, trwy lid a gorddin,
O oed y brenin, breiniawg Cemais;
Yn llygrant i'm gran, yn lle y gelwir Llan
20 Yn llogawd Fodfan, hoedran hydrais,
Yng ngheindref Aber, anghendraul llawer,
Lle bu nêr nifer, naf a gollais,
Yng nghymwd pennaf Arllechwedd Uchaf —
24 Y dyn a garaf nis digerais —
Yn siryddiaeth Dôn, yn Sir Gaer Arfon,
Lle bu rôn dragon, dreigiau Emrais.
O mynnwn fy nghlwyf gan liw ton wrth rwyf,
28 Nwyf nid esgorwyf can dwys gerais.
Er deugain swllt nod o ysterlingod,
Fy namaes amod mi a'i symais.
Ys gŵyr fy nifa, ys gwan y'm adwna,
32 Os gwen a'i gwada, gwydn ydd holais,
Mae ym braw glywed, gwybod, a gweled,
Carwed, Ednyfed, Ednywen Sais.'

Gwen — a hoyw yw hon, gwynlliw ertrai ton
36   Pan fydd eglur fron, a llon ei llais —
A'i gwadawdd yn faith i'r llys, dyfrys daith,
Cam ac anghyfraith, gwaith gwythlawn drais:

'Dy gŵyn fu gynnau dy ladd heb arfau
40   Â llafnau geiriau gwyron llednais;
A'm llw, bei'th leddid â gair, llesmair llid,
Yn fyw na'th welid, edlid adlais;
A byw y'th welaf, i bawb y tystaf,
44   A brawd a archaf ac a erchais.'

'Na ddilynwch dlawd ni ddilynwy wawd
Ar ôl aur dafawd, lliw eiry difais.
Dedlis hoed yn haf, didlawd y'th welaf,
48   Dadlau ni allaf ac ni ellais,
A diallu wyf, a deallwr clwyf,
A dyellydd nwyf, can dyellais.'

Dealled doethion dyfod dialon
52   O gwnaeth Pendragon drwg i Wrlais.'

Nid eilhaws, dignaws dygnais — dawn, dadlau
        Â'r dyn didlawd cwrtais
    No myned, hwyrged hirgais,
56   Iwerddon o Fôn i fais.

IORWERTH BELI

2   *I Esgob Bangor*

Arglwydd Crist culwydd, calon — gyflawnrad,
    Argleidriad, neirthiad, nerth engylion,
Erglyw fi fy llyw, pen llywodron — Cred,
4   Eurgrair gogoned, gwared gwirion:
Erwan fu gennyf, Arfon — fu seithug,
    Athrist y'm gorug athro canon
Pan wisgawdd, urddawdd arddelwon — tannau,

24

8   Dwrdd clustiau, cerddau cerdd ymryson,
      A gadael, gafael gofion — diannoeth,
      Y gwŷr digrifddoeth yn rhynoethion,
      A rhyfedd gennyf, gan arwyddion — plaid,
12   Ein rhên, rhy danbaid anniweidion,
      Pan na roddai Dduw ddialon — parawd
      Lle rhoed ar ddifrawd barddwawd beirddion.

      Tra fu Lywarch, parch perchenogion — elw,
16   A Chynddelw, arddelw urddedigion,
      A Gwilym Rhyfel, rhif anfon — urddas,
      A Dafydd Benfras ym mawrblas Môn,
      Ni wnâi arglwydd rhwydd, rhoddion — digroniad,
20   Neb rhyw gonglad brad ar brydyddion.
      Tra fu'r prifeirdd heirdd, hardd weision — cuddawn,
      Cyflawn o driddawn ymadroddion,
      Nid ef a berchid, berchyllson — debig,
24   Grwth helig terrig, tor goluddion,
      Wrth glywed teced tôn englynion
      O waith prif deddfiaith y prydyddion;
      Agarw oedd glybod eigion — telynau
28   O gau gwisg fleiddiau, tannau tynion.

      Pan aeth Maelgwn Hir o dir mab Dôn — duedd,
      I wledd Gwalch Gorsedd hyd Gaer Seon,
      A dwyn gydag ef, gofion — dan orchest,
32   Oedd o gerdd arwest ar gerddorion,
      A pheri uddunt, ffyrfeiddion — llawer,
      I bawb o'r nifer nofio'r afon;
      Pan ddaethant i'r tir, terfyn Môn — ar drai,
36   Dimai nis talai'r telynorion;
      Tyst yw Duw ar hyn, tystion — a'i gwybydd,
      Herwydd hardd gynnydd, gynneddf doethion,
      Cystal y prydai'r prydyddion — â chynt
40   Er a nofiesynt, helynt haelion.

      Gan rwyf Bangor gôr, goron — urddedig,
      Pendefig, gwledig gwlad y Brython,
      Gwisgoedd a gafas gosgorddion — diffrwyth,
44   Gosgryn dylwyth, llwyth llethedigion;
      Tudur Wion lon, lun eidion — myngus,

Rheidus, ys digus ei ostegion,
Am wybod Saesneg, Seisnig dôn — drygwas,
48   Gwisg a gafas las, laes odreon;
Cafas, costog cas, nid cyson — damwain,
Ysgymun filain, gog brain breision,
Yn dwyllawr, cornawr ceirnion — drwg araith
52   Yn dryllio breithiaith, dillad brithion.
Gwehelyth nis câr gwehilion — cerddau
Tabyrddau, swyddau iangwyr Saeson.
Truan oedd gweled, gwaelddynion — gwrthun,
56   Rhoi dillad uddun ni bai'n dyllion,
Pan na wyddiad penrhad, cennad canon,
Mal nâd cerdd Dutcyn, sain erfyn sôn,
Ydd âi nod anglod, englynion — digudd,
60   Gŵr prudd o Fôr Udd hyd Fôr Iwerddon.

GWILYM DDU O ARFON

3   *Awdl y Misoedd*

Neud cynechrau Mai, mau anhunedd,
Neud caeth, y sy waeth, a maeth a medd,
Neud cynhebig dig, dygn adrosedd — trist,
4   Er pan ddelid Crist, weddw athrist wedd.

Neu'm cur o lafur ym aelofedd,
Neud cerydd Dofydd nad rhydd rhuddgledd,
Neud cof sy ynof, ys anwedd — ei faint,
8   Neud cywala haint, hynt diryfedd.

Neud caeth y'm dilid llid llaweredd,
Neud caith beirdd cyfiaith am eu cyfedd,
Neud caethiwed ced nad rhydd cydwedd — Nudd,
12   Cadrwalch Ruffudd brudd, breiddin tachwedd.

Neud cwyn beirdd trylwyn, meddw ancwyn medd,
Neud cawdd ym anawdd, menestr canwledd,
Neud carchar anwar, enwiredd — Eingldud,
16   Aerddraig Llanrhystud, fynud fonedd.

Neud na'm dyhudd budd, bûm ar y gledd,
Neud na'm diid llid lliaws blynedd,
Neud na'm dawr, Duw mawr, marannedd, — naf glyw,
20   Neud nad rhydd fy llyw, llew Trefgarnedd.

Neur wn o'i eisiau ddau ddigyfedd,
Neur ŵyr beirdd can wlad nad rhad rheufedd.
Neud ef arwydd gwir, neud oferedd — gwŷr
24   Wrth weled fy eryr yn ei fawredd.

Neud truan y'm gwân gwayw lledfrydedd,
Neud trwydded galed ym amgeledd,
Neud trymfryd Gwyndyd, gwander dyhedd — braw,
28   Neud traw eu treisiaw am eu trosedd.

Neud trahir gohir gloyw babir gledd,
Neud tra blwng echwng Echel dewredd,
Neud trai cwbl o'r Mai, mawredd — allwynin,
32   Neud mis Mehefin, weddw orllin wedd.

Neud mis Mehefin, mau hefyd — gystudd,
Neud nad rhydd Gruffudd, wayw rhudd yn rhyd.
Neud erwan y'm gwân gwayw cryd — engiriawl,
36   Neud am ddraig urddawl didawl y'm dyd.
Neud erwyr, o'm gŵyr, y'm gweryd — Crist nêr,
Neud arfer ofer beirdd nifer byd.
Neud arwydd na'm llwydd lledfryd — i'm calon,
40   Neud eres nad ton hon ar ei hyd.
Mau ynof mawrgof am ergyd — gofal,
Am atal arial Urien yng ngryd.
Mal cofain cywrain Cywryd — fardd Dunawd
44   Mau i'm draig priawd gwawd ni bo gwŷd.
Mau gwawdgan Afan, ufydd fryd — ffrwythlawn,
O gof Cadwallawn, brenhinddawn bryd.
Ni wn, walch gwaywdwn, gwawd dihewyd — clod,
48   A thi heb ddyfod pa dda bod byd.
Neur ŵyr pawb yn llwyr, llyerwfryd — gynnal,
Nad hylithr aur mâl mel i wrthyd;
Nad oes nerth madferth ym myd — o'th eisiau,
52   Gwleddau na byrddau na beirdd yng nghlyd;
Nad oes lys ysbys, esbyd — neud dibeirch,

Nad oes feirch na seirch na serch hyfryd,
Nad oes wedd na moes masw yn yd — yw'n gwlad,
56   Nad oes rad na mad eithr gwad a gwŷd.
Neud gwagedd trosedd traws gedernyd — Môn,
Neud gweigion Arfon is Reon ryd,
Neud gwan Gwynedd fan fen yd ergyd — cur,
60   Neud gwael am fodur, eglur oglyd.
Neud blwyddyn i ddyn ddiofryd — a gâr,
Neud blaengar carchar grym aerbar gryd.

CASNODYN

4   *Moliant Ieuan Llwyd*

Llyw yw'r mau gorau gŵraidd ganllaw,
Llyw llawer haelder, ffêr ffurfeiddaw,
Llewych fab arab ei euraw, — clod prudd,
4   Ieuan fab Gruffudd, fudd feddyliaw.

Llyw ni'm gwnaid, telaid talm dymunaw,
Llawenydd â neb tra fewn hebddaw;
Llyw a'm dysgawdd, hawdd hoddiaw, — gerdd berffaith,
8   Nid fal sothachiaith beirdd caith Caeaw.

Llwydd ragores les, luosydd fraw,
Llwyddgar rhag ieuainc, fainc fyddinaw,
Llym gyngor rhagor yn rhwygaw — darpar,
12   Lladdgar rhag esgar, derw rhag ysgaw.

Llathrwawr nid oedd fawr eirf gawr guriaw,
Llwrw bri daioni, diau anaw,
Llwybr digaeth i iarllaeth, i eurllaw — Ieuan
16   Llwyd, llydan darian, llid i duriaw.

Llwybrawdd ehawnffysg addysg iddaw,
Llwypra o'i nerthfraich i Frynaich fraw;
Llid, erddyrn cedyrn, Ceidiaw — neu Wrlais,
20   Llais llwgr ddinastrais, Lloegr ddinistraw.

28

Llam Lloegrfflam llwgrfflwch, dryswch dreisiaw,
Llid, durawdr huawdr, Huail fab Caw,
Llwybrdwrf morgynnwrf, mawr gannaw — nerthwir,
24 Llanw enwir am dir yn ymdaraw.

Lliaws gystlwn hwn, honnaid gyfiaw,
Llawchblas a gafas, addas eiddiaw,
Llys hysbys dyfrys, difraw wasanaeth,
28 Llwyr uchelwriaeth llary, ffraeth ffrwythiaw.

Llafuriwn, canwn ceiniaid heb daw,
Llafarfeirdd digeirdd dygwn ataw
Lle mae mawr cur llawr cerllaw, — llys haelnaf,
32 Llan, ran rymusaf, goethaf Geithaw.

Cyrchais ŵr clydwr, clod tafarn — a thref,
 A thrafod medd o garn;
 Câr caeth ei fâr, coeth ei farn,
36 Cad falch, cadr eurwalch cadarn.

Cadarn ei eirfarn a'i erfid — a'i hawl,
 Hael Ieuan ail Pebid,
 Ceidwad rhag brad, brwydr ymlid,
40 Cad ôl, ail Eidiol ei lid.

Llid rhwysg tân chweifrwysg chwefrin — yw Ieuan,
 Llafn garthan, gyrthiwr trin;
 Llydanrydd y gweinydd gwin
44 Llad, llew beiddiad, llyw byddin.

Byddinled hirged hwyrgardd — yw Ieuan,
 Baedd rhwyddgan, rhuddgoch dardd,
 Boddlyw croyw heilhoyw haelhardd,
48 Buddlawn o'i fawrddawn ei fardd.

Bardd wyf i i'm rhi, rhif llwyr ar fawrgerdd,
 Arf aergad estrawnffwyr;
 Bardd yntau, gorau a'i gŵyr,
52 Beirdd loywgerdd, bwrdd oleugwyr.

Gŵyr Ieuan, ddifan ddefawd, ffrwst — brwysctreth,
    Gŵr breisctraul medd am wst,
    Gerddfraint Geraint a Gorwst,
56   Gwrddfri eurgosti o'r gwst.

Gwst gynnal, heildal haelder, — gŵyr Ieuan,
    Gâr ieuanc, Nudd arfer,
    Gosgeiddig nur, eilig nêr,
60   Gosgordd loywffordd Eliffer.

Ercwlff gryf, Selyf, sail wledig, — Rhydderch
    Rwydd: Ieuan wayw ysig,
    Arf aer ddidarf urddedig,
64   Ar glod y tri glud y trig.

Trigiwys mawl hoywddwys mal haeddu — o iawn
    I Ieuan gan feirddlu;
    Addysg, glod ffysg, heb fysg fu,
68   Udd cardd gorchudd cerdd gyrchu.

5   *Moliant Gwenllian*

Aelaw iawn yw dawn gne gwawn gwawdchweg,
Eiliw ewynfriw gwynwiw gwaneg;
Eiliais erod glod, gloywdeg — Wenlliant,
4   Eiliawdd dy foliant fil ychwaneg.

Elw dreiddiaw ni'm daw traw trwy gysteg,
Elwydd, twf clodrydd, dydd na deuddeg;
Ail Cain Galed, rhed i'm rheidreg — obaith,
8   Oleufaith hoywdaith fraint ehedeg.

Arial Bugethal, brif ddial breg,
Arwydd dieilwydd, rhwydd fo'n rhedeg
Ar hoywlun ludd hun, hoen gwenfaneg — maen
12   Pan wisg ton frwysgflaen gaen am garreg.

Eirgall ddiwall, ball bwyll ogyweg,
Erioed yn ddioed, hoed gyhydreg,

Aur mâl a'm bu dâl, dolur atreg fraw,
16   Yn llaw, ŵyl andaw, gan ail Indeg.

Eirian ferch Gynan, cynran canreg,
Eryr tymyr gwŷr, gweilch di-Saesneg;
Arglwydd culwydd, rwydd rwyf Gröeg — rhuglchwyrn,
20   Ellwng o hëyrn y tëyrn teg.

Mau geiriau golau, gŵyl Wyndodeg,
Mi a ŵyr moli hil rhi, hawl rheg;
Meith-hir y cludir clod, anrheg — tafawd,
24   Mor ddidlawd fy ngwawd yng Ngwenhwyseg.

Menawd molawd gnawd, gne ton waeddgreg,
Manar wisg lasar, afar ofeg,
Myrdd a'i mawl heb dawl, dileddf chweg — lwysiaith,
28   Mawrddawn ganhymddaith, oestaith osteg.

Main firain riain, gain Gymräeg,
Mwyn forwyn hunddwyn, hoenddygn gysteg,
Mynych lle llewych, lliw ehöeg — ym,
32   Man y'm dug gwelwlym ar rym redeg.

Myned er gweled, gwenned gwaneg,
Manon wawr Arfon, gofion gofeg,
Maengaer glod belldaer glud balldeg — mygrfan,
36   Meingan ddyn eurwan, i Ddinorweg.

6   *I Awd*

Wythcant annerch, ddawn serchddyn,
Uthr frys fro henRys frenin
A aeth dros Nedd, wedd wahan,
4   A Thawy ar Lywy lun.

Llywiawdd, llwyddrangawdd, lludd rin,
Llathrfain gain gan, fan falchlun,
Trosof cof pob cyfryw ddyn
8   Eithr Awd, aeth â'm gwawd a'm gwên.

Perais ffysg, glud ddysg, glod ddull,
Perigl hun er bun o bell;
Peris gwen gwan yng nghyfrgoll,
12   Parawd i Awd geinwawd gall.

Od ergyd, bryd brydfoll,
I bob rhiain fain fwynddull,
Rhan Awd o'm gwawd a fydd gwell,
16   Ne rhyn eirw, no rhan arall.

I'm dydd ef a fydd o fedd-dawd — traserch,
    Treisig yw fy nifrawd;
    Ym dig, cadwedig geudawd,
20   Â mi cyfoedi cof Awd.

Rhyhwyr ym yn llwyr cael llwrw ffawd — o'm serch
    Os archaf yn briawd;
    Rhyhawdd y bûm, ail Rhyawd,
24   Rhy hir y'm oedir am Awd.

Ys breinfawr liw gwawr a le gwawd — hirdrig
    A hwyrdry o'm ceudawd;
    Ys braidd ym fyw, glyw glwyfnawd,
28   Ys braw pell adaw pall Awd.

Llyna lys nid â diwyrnawd — o'm bryd
    Am bryder fy nifrawd,
    Lle lloer wiwne, llwyr waywnawd,
32   Llifgwyn llaes adwyn llys Awd.

Ciglau cyn Difiau defawd — cyntefin,
    Cant afar fyfyrdawd,
    Cyrdd ednaint glwysnaint gloesnawd,
36   Cerddgar cad adar coed Awd.

Y cof ys ynof ys anynawd — y try
    Tragywydd o'm ceudawd;
    Anghenddydd, herwydd hirwawd,
40   Angau y'm edau am Awd.

Da gyngor rhagor rhag fy nifrawd — ym,
    Am nas caf yn briawd:
  Dwyn hwyl dyn gŵyl, golau wawd,
44   Dan frig y goedwig ag Awd.

Erchi merch fy rhi rhoddnawd — ys gwneuthum,
    Ys gwnaeth gwyd tros folawd;
  Arwydd nad rhadlwydd rhydlawd,
48   Eres ymoedes am Awd.

Tra fwyf, rhyhirglwyf Rhyawd, — i wrthi,
    Hoed beri hud barawd,
  Ni'm dywan diddan deddfnawd,
52   Ni'm daw cyfadaw cof Awd.

Llawer annerch serch, seiliawd — brad aele
    Bro Deilaw a'i logawd,
  O wlad faith gludwaith glodwawd
56   Forgant a redant ar Awd.

GRONW GYRIOG

7   *Marwnad Gwenhwyfar ferch Fadog*

Rhoed llen gudd uwch grudd greddfdrais,
Rhiain barabl groyw loyw lwys;
Rhy fyr i'r byd hyd ei hoes,
4   Rhwym caen llen faen yn Llan-faes.

Llan-faes, fan uwch marian môr,
A gudd Gwen — hoywfudd — hwyfar;
Llety saint a braint brodyr,
8   Llawrgudd bun, llwyrgawdd hun hir.

Hir yw ynof cof cyffro
Herwydd trais Dofydd trosti;
Hawdd ymurddawdd â mawrdda,
12 Hael hoendeg liw, haul hundy.

Dyhir hundy gwedy gwedd
A phryd a guddiwyd â phridd;
Dygn gofion, Riannon rodd,
16   Digofaint bun deg ufydd.

Ei hufydd-dawd, ceudawd cof,
I hardd Wenhwyfar araf,
A'i hawl deg, bwyll didwyll dwf,
20   A'i haelder a dâl Nêr nef.

Rhên nef, ran ofid dygngoll,
Rhy hun bun, byd nis ennill;
Rhoed llawr ar lloer, hardded byll,
24   Ni rodded llawr ar wawr well.

Gwellwell fu bwyll, gannwyll gain,
Gwenhwyfar, haul daear hoen;
Gorchudd gwawr yw llen fawr faen,
28   Garwchwedl i'w chenedl ei chŵyn.

Mawr a gŵyn dwyn, dinag rodd,
Merch Fadawg, rieddawg radd;
Gro heddiw, mae'n wiw, a'i medd,
32   A gra a wisgawdd ei grudd.

HILLYN (?)

8   *Tŷ Newydd*

Costes cun barddles beirddlith,
Ieuan, ran rwydd, dŷ difeth,
Fadfain a gwyngalch, falch fath,
Neb ni chyst y rhyw byst byth.

DAFYDD AP GWILYM

Marwnad Llywelyn ap Gwilym

Dyfed a somed, symud — ei mawrair,
    Am eryr bro yr hud;
    Doe wiwdymp yn dywedud,
4   Hyddawn fu, a heddiw'n fud.

Cyn hyn, Lywelyn, olud — tiriogaeth,
    Tŷ rhagof ni chaeud;
    Agwrdd udd y gerdd oeddud,
8   Agor i mi, y gŵr mud.

Pryd glwys prudd dadwys, prif dud, — praff awdur
    Proffwydair, balchsyth, drud,
    Prif dda wawd, prawf ddywedud,
12 Prydydd, ieithydd, na fydd fud.

Fy ngheinllyw difyw, Deifr helgud, — baham,
    Bwhwman deigr neud glud,
    Fy nghanllaw, y'm gadawud,
16 Fy nghâr am aur, fy ngharw mud?

Pendefig, gwledig gwlad *yr* hud — is dwfn,
    Ys difai y'm dysgud;
    Pob meistrolrwydd a wyddud,
20 Poened fi er pan wyd fud.

Neud dwfn fy neigr, neud difud — fy llef
    Am fy llyw cadarnddrud;
    Nid diboen na'm hatebud,
24 Nid hawdd ymadrawdd â mud.

Gwawr gwirnef a llawr, llef alltud — yw hon,
    Hyn oedd ddygn nas clywud;
    Gwae fi, Geli pob golud,
28 Gwael fy nghyflwr, am ŵr mud.

Gwae fi fod, elw clod ail Clud — nyw ballai,
    Heb allael dywedud,
    Gwn ofal dalm gan ofud,
32   Gawr eiriau mawr am ŵr mud.

Gwae fi, Grist Celi, caled — o'm rhyfyg,
    (Pand rhyfawr y'm cosbed?)
    Gwymp oeddem oll cyn colled,
36   Gwympo crair holl gampau Cred.

Gwae fi, Grist Celi, calon doll — yw'r fau,
    Wyf fyfyr am ddygngoll,
    Campus eirf cwmpas arfoll,
40   Cwympo udd y campáu oll.

Gwae fyfi, fy rhi, rhoi i'th ddarpar, — Duw!
    Dwyn cadarnwalch cerddgar,
    Nid rhodd gŵyl, neud rhwydd galar,
44   Nad rhydd ymgerydd am gâr.

Gwae fi ddwyn, ail brwyn, breiniol gyhoedd, — lledrith,
    Llywodraeth y bobloedd;
    Lles tyrfa, lleas torfoedd,
48   Llawen, gorawen gwŷr oedd.

Gwae fi weled, trwydded drwg,
Neuaddau milwr, tŵr teg,
Annawn oes, un yn ysig,
52 A'r llall, do gwall, yn dŷ gwag.

Gwae'r nai a oerai a ery, — gweled
    Gwaelod cof a'm deffry,
    Y llys fraith yn llaesu fry,
56   A'r Llystyn yn arlloesty.

Llys gwin ac emys, ddigamoedd — gyllid,
    Och golli a'i gwnaddoedd.
    Llys naf aur, lles niferoedd,
60   Llyw lles pe byw, llys pawb oedd.

Lles bychan buan yw bod — yn rhullfalch,
    A'r hollfyd fal ffurf rhod:
    Llew syberw lliaws wybod,
64   Llas ag arf glas gorf y glod.

Llew olwg farchog, Llywelyn, — o'th las
    I'th lys deg yn Emlyn,
    Llai yw'r dysg, medd llawer dyn
68   Llwfr i'th ôl, llyfr a thelyn.

Llithr ddagrau yw'r mau modd chweg, — och allel
    Â chyllell faeliereg,
    Llawer och dost ar osteg,
72   Llathr erddyrn, lladd tëyrn teg.

Och ddwyn Llywelyn, dyn doeth, — a ddodaf;
    Och a ddyd ei gyfoeth;
    Och rydd a roddaf drannoeth,
76   Och beunydd; ei ddydd a ddoeth.

Och, och, y Ddôl-goch, ddaly gŵyl — barchus,
    Am dy berchen annwyl;
    Och wedy'r ddwyoch ddiwyl,
80   Och, panid och? Pwy nid wŷl?

Wylais lle gwelais lle gwely — f'arglwydd,
    Band oedd fawrglwyf hynny?
    Gair ateb, wyf gâr yty;
84   Gŵr da doeth, agor dy dŷ.

Gŵr, nid gwas, a las o loes archoll — dur,
    A diriaid fu'r dygngoll;
    Gwrawl hawl mewn helm drydoll,
88   Gair oer am y gorau oll.

Gwaelfyrn gwawl tefyrn, gweli tafawd — gwaith,
    Gwaeth bellach myfyrdawd;
    Gwäeg cadarn, gwag ceudawd,
92   Gwecry gwŷr gwedy gwawr gwawd.

Dall fydd byd, dull gwŷd gwedy, — ddwyn llygad,
    Oedd yn Lloegr a Chymry;
    Dwg i'th wledd, ni'm gomeddy,
96   Dôr gwŷr, da frëyr, Duw fry.

Dihaereb yw hon, dywirir — ym mro:—
    A laddo a leddir:
    Diben o hyn a dybir,
100   Dibaid gwae, a Duw, boed gwir.

A wnêl argae, gwae a gwall — i'r deau,
    A gaiff dial cuall;
    A wnêl drwg o dreigl angall
104   Â llaw, arhöed y llall.

Nid diofal, ffyrfdal ffêr,
    Y gelyn a wnêl galar:
    A laddo dyn â'i loywddur
108   I luddias hoedl a leddir.

          *   *   *

Pwnc truan oerwan am eurwas — yw hyn,
    Honni mawr alanas,
    Cain arddelw cyfan urddas,
112   Cyrn a glyw, cwyn llyw, can llas.

Cyfiawnder fu ef, cyfundeb — cyrdd aur,
    Cerddwriaeth ddoethineb;
    Cyweirdant y cywirdeb,
116   Corf clod, nid un wybod neb.

Coeth edling, fflowr dling dy lis — oreuraid
    Wared clochdy Paris;
    Cymro glew a'n adewis,
120   Cymryd un, Cymry neud is.

Os marw fy ewythr, ys mawr — o ryfedd,
    Aur Afia Cymry fawr,
    Nad eddwyf, nai a'i diddawr,
124   Nad af yng ngwyllt, Duw fy ngwawr!

          *   *   *

Salw a thost am iôr costrith,
Selerwin fyrdd-drin feirdd-dreth,
Campus reddf cwmpas roddfath,
128   Cwymp cyd gampau byd byth.

*   *   *

Truan ac eirian a garo — dadl,
    Aed Landudoch heno;
  Doethineb neud aeth yno,
132   Diwyd grair dan dywod gro.

Heilbryn flodeuyn diwyd — a dderyw,
    Ddeurudd diymoglyd;
  Llwyr yr aeth, gwingaeth gyngyd,
136   Haearn â chof a barn byd.

*   *   *

Gŵr fu Lywelyn, gwir ganu, — prudd,
    Cyn rhoi pridd i'w ddeutu;
  Pwynt rhyfel heb ymgelu,
140   Penrhaith ar Ddyfed faith fu.

10   *Basaleg*

Cerdda, was, câr ddewiswyrdd,
Ceinfyd gwymp, uwch ceinfedw gwyrdd;
O Forgannwg dwg dydd da
4   I.Wynedd, heilfedd hwylfa,
Ac annwyl wyf, befrnwyf byd,
Ac annerch wlad Fôn gennyd.

Dywed, o'm gwlad ni'm gadwyd,
8   Duw a'i gŵyr, dieuog wyd,
Fy mod es talm, salm Selyf,
Yn caru dyn uwch Caerdyf.
Nid salw na cham fy namwain,
12   Nid serch ar finrhasgl ferch fain.

39

Mawrserch Ifor a'm goryw,
Mwy no serch ar ordderch yw.
Serch Ifor a glodforais,
16 Nid fal serch anwydful Sais,
Ac nid af, berffeithiaf bôr,
Os eirch ef, o serch Ifor,
Nac undydd i drefydd drwg,
20 Nac unnos o Forgannwg.

Gŵr yw o hil goreuwawr,
Gwiw blaid, helm euraid, hael mawr.
Goludog hebog hybarch,
24 Gŵr ffyrf iawn ei gorff ar farch.
Cwympwr aer cyflymdaer coeth,
Cwmpasddadl walch campusddoeth.
Carw difarw, Deifr ni oddef,
28 Cywir iawn y câi wŷr ef.
Ufudd a da ei ofeg;
Ofer dyn ond Ifor deg.

Mawr anrhydedd a'm deddyw:
32 Mi a gaf, o byddaf byw,
Hely â chŵn, nid haelach iôr,
Ac yfed gydag Ifor,
A saethu rhygeirw sythynt,
36 A bwrw gweilch i wybr a gwynt,
A cherddau tafodau teg,
A solas ym Masaleg.
Pand digrif yng ngwŷdd nifer,
40 Pennod, saethu claernod, clêr,
Gwarae ffristiol a tholbwrdd
Yn un gyflwr â'r gŵr gwrdd?
O châi neb, cytundeb coeth,
44 Rhagor rhag y llall rhygoeth,
Rhugl â cherdd y'i anrhegaf,
Rhagor rhag Ifor a gaf.

Nid hael wrth gael ei gyfryw,
48 Nid dewr neb; pand tëyrn yw?
Nid af o'i lys, diful iôr,
Nid ufudd neb ond Ifor.

Niwbwrch

Hawddamawr, mireinwawr maith,
Tref Niwbwrch, trefn iawn obaith,
A'i glwysteg deml a'i glastyr,
4   A'i gwin a'i gwerin a'i gwŷr,
A'i chwrw a'i medd a'i chariad,
A'i dynion rhwydd a'i da'n rhad.

    Cornel ddiddos yw Rhosyr,
8   Coetgae i warae i wŷr;
Coety i'r wlad rhag ymadaw,
Cyfnither nef yw'r dref draw.
Côr hylwydd cywir haelion,
12   Cyfannedd, mynwent medd Môn.
Cystedlydd nef o'r trefi,
Castell a meddgell i mi.
Llwybrau'n henw, lle brenhinawl,
16   Llu mawr o bob lle a'i mawl.
Lle diofer i glera,
Lle cywir dyn, lle y ceir da.
Lle rhwydd beirdd, lle rhydd byrddau,
20   Lle ym yw, ar y llw mau.
Pentwr y glod, rhod rhyddfyw,
Pentref, dan nef, y dawn yw.
Pantri difydig digeirdd,
24   Pentan, buarth baban beirdd.
Paement i borthi pymoes,
Pell ym yw eu pwyll a'u moes.
Perllan clod y gwirodydd,
28   Pair Dadeni pob rhi rhydd.
Parch pob cyffredin dinas,
Penrhyn gloyw feddyglyn glas.

Merched Llanbadarn

Plygu rhag llid yr ydwyf,
Pla ar holl ferched y plwyf!
Am na chefais, drais drawsoed,

4   Onaddun' yr un erioed,
     Na morwyn fwyn ofynaig,
     Na merch fach, na gwrach, na gwraig.

     Py rusiant, py ddireidi,
8   Py fethiant, na fynnant fi?
     Py ddrwg i riain feinael
     Yng nghoed tywylldew fy nghael?
     Nid oedd gywilydd iddi
12   Yng ngwâl dail fy ngweled i.

     Ni bu amser na charwn,
     Ni bu mor lud hud â hwn —
     Anad gwŷr annwyd Garwy —
16   Yn y dydd ai un ai dwy.
     Ac er hynny nid oedd nes
     Ym gael un no'm gelynes.
     Ni bu Sul yn Llanbadarn
20   Na bewn, ac eraill a'i barn,
     Â'm wyneb at y ferch goeth
     A'm gwegil at Dduw gwiwgoeth.
     A gwedy'r hir edrychwyf
24   Dros fy mhlu ar draws fy mhlwyf,
     Y dywaid un fun fygrgroyw
     Wrth y llall hylwyddgall hoyw:

     'Y mab llwyd wyneb mursen
28   A gwallt ei chwaer ar ei ben,
     Godinabus fydd golwg
     Gŵyr ei ddrem; da y gŵyr ddrwg.'

     'Ai'n rhith hynny yw ganthaw?'
32   Yw gair y llall gar ei llaw;
     'Ateb ni chaiff tra fo fyd;
     Wtied i ddiawl, beth ynfyd!'

     Talmithr ym reg y loywferch,
36   Tâl bychan am syfrdan serch.
     Rhaid oedd ym fedru peidiaw
     Â'r foes hon, breuddwydion braw.
     Ys dir ym fyned fal gŵr

40   Yn feudwy, swydd anfadwr.
       O dra disgwyl, dysgiad certh,
       Drach 'y nghefn, drych anghyfnerth,
       Neur dderyw ym, gerddrym gâr,
44   Bengamu heb un gymar.

13   *Trafferth mewn Tafarn*

       Deuthum i ddinas dethol,
       A'm hardd wreangyn i'm hôl.
       Cain hoywdraul, lle cwyn hydrum,
4   Cymryd, balch o febyd fûm,
       Llety urddedig ddigawn
       Cyffredin, a gwin a gawn.

       Canfod rhiain addfeindeg
8   Yn y tŷ, *mau* enaid teg.
       Bwrw yn llwyr, liw haul dwyrain,
       Fy mryd ar wyn fy myd main.
       Prynu rhost, nid er bostiaw,
12   A gwin drud, mi a gwen draw.
       Gwarwy a gâr gwŷr ieuainc —
       Galw ar fun, ddyn gŵyl, i'r fainc.
       Hustyng, bûm ŵr hy astud,
16   Dioer yw hyn, deuair o hud;
       Gwneuthur, ni bu segur serch,
       Amod dyfod at hoywferch
       Pan elai y minteioedd
20   I gysgu; bun aelddu oedd.

       Wedi cysgu, tru tremyn,
       O bawb eithr myfi a bun,
       Profais yn hyfedr fedru
24   Ar wely'r ferch; alar fu.
       Cefais, pan soniais yna,
       Gwymp dig, nid oedd gampau da;
       Haws codi, drygioni drud,
28   Yn drwsgl nog yn dra esgud.

Trewais, ni neidiais yn iach,
Y grimog, a gwae'r omach,
Wrth ystlys, ar waith ostler,
32   Ystôl groch ffôl, goruwch ffêr.
Dyfod, bu chwedl edifar,
I fyny, Cymry a'm câr,
Trewais, drwg fydd tra awydd,
36   Lle y'm rhoed, heb un llam rhwydd,
Mynych dwyll amwyll ymwrdd,
Fy nhalcen wrth ben y bwrdd,
Lle 'dd oedd gawg yrhawg yn rhydd
40   A llafar badell efydd.
Syrthio o'r bwrdd, dragwrdd drefn,
A'r ddeudrestl a'r holl ddodrefn;
Rhoi diasbad o'r badell
44   I'm hôl, fo'i clywid ymhell;
Gweiddi, gŵr gorwag oeddwn,
O'r cawg, a'm cyfarth o'r cŵn.

    Yr oedd gerllaw muroedd mawr
48   Drisais mewn gwely drewsawr,
Yn trafferth am eu triphac —
Hicin a Siencin a Siac.
Syganai'r gwas soeg enau,
52   Araith oedd ddig, wrth y ddau:

    'Mae Cymro, taer gyffro twyll,
Yn rhodio yma'n rhydwyll;
Lleidr yw ef, os goddefwn,
56   'Mogelwch, cedwch rhag hwn.'

    Codi o'r ostler niferoedd
I gyd, a chwedl dybryd oedd.
Gygus oeddynt i'm gogylch
60   Yn chwilio i'm ceisio i'm cylch;
A minnau, hagr wyniau hyll,
Yn tewi yn y tywyll.
Gweddïais, nid gwedd eofn,
64   Dan gêl, megis dyn ag ofn;
Ac o nerth gweddi gerth gu,
Ac o ras y gwir Iesu,

Cael i minnau, cwlm anun,
68 Heb sâl, fy henwal fy hun.
Dihengais i, da wng saint,
I Dduw'r archaf faddeuaint.

14 *Dan y Bargod*

Clo a roed ar ddrws y tŷ,
Claf wyf, fy chwaer, clyw fyfy.
Dyred i'th weled, wiwlun,
4 Er Duw hael dangos dy hun.
Geirffug ferch pam y gorffai?
Gorffwyll, myn Mair, a bair bai.

Taro trwy annwyd dyrys
8 Tair ysbonc, torres y bys
Cloedig; pand clau ydoedd?
Ai clywewch chwi? Sain cloch oedd.
Morfudd, fy nghrair diweirbwyll,
12 Mamaeth tywysogaeth twyll,
Mau wâl am y wialen
Â thi, rhaid ym weiddi, wen.
Tosturia wrth anhunglwyf,
16 Tywyll yw'r nos, twyllwr nwyf.
Adnebydd flined fy nhro;
Wb o'r hin o'r wybr heno!
Aml yw rhëydr o'r bargawd,
20 Ermyg nwyf, ar y mau gnawd.
Nid mwy y glaw, neud mau glwyf,
No'r ôd, dano yr ydwyf.
Nid esmwyth hyn o dysmwy,
24 Ni bu boen ar farwgroen fwy
Nog a gefais drwy ofal,
Ym Gŵr a'm gwnaeth, nid gwaeth gwâl.
Ni bu'n y Gaer yn Arfon
28 Geol waeth no'r heol hon.

Ni byddwn allan hyd nos,
Ni thuchwn ond o'th achos.
Ni ddown i oddef, od gwn,

32   Beunoeth gur, bei na'th garwn.
       Ni byddwn dan law ac ôd
       Ennyd awr onid erod.
       Ni faddeuwn, gwn gyni,
36   Y byd oll oni bai di.

       Yma ydd wyf drwy annwyd,
       Tau ddawn, yn y tŷ ydd wyd.
       Yna y mae f'enaid glân,
40   A'm ellyll yma allan.
       Amau fydd gan a'm hirglyw
       Yma, fy aur, ymy fyw.
       Ymaith fy meddwl nid â,
44   Amwyll a'm peris yma.

       Amod â mi a wneddwyd;
       Yma ydd wyf, a mae 'dd wyd?

15   *Lladrata Merch*

       Lleidr i mewn diras draserch
       Ymannos fûm, mynnais ferch;
       Llwyr fry y'm peris llerw fro,
4   Lleidr dyn yn lledrad yno;
       Gwanfardd o draserch gwenfun,
       Gwae leidr drud am ei hud hun!
       Ar y modd, gwell nog aur mâl,
8   Y'i cefais och rhag gofal!

       Gwedy cael, neud gwawd a'i cwyn,
       Gwin a medd, gwen em addwyn,
       Meddwon fuon', fân eiddwyr,
12   Mau boen gwych, meibion a gwŷr.
       Cysgu, gwedy symlu sôn,
       A wnaethant, bobl annoethion.
       Twrf eirthgrwydr, mal torf wrthgroch,
16   Talm mawr megis teulu moch.
       Mawr fu amorth y porthmon,
       Meddwon oeddynt, o'r hynt hon.

Nid oedd feddw dyn danheddwyn;
20 Nid wyf lesg; nid yfai lyn.
Os meddw oeddwn, gwn *a* gad,
Medd a'i gŵyr, meddw o gariad.
Er gostwng o'r ddiflwng ddau
24 Y gannwyll fflamgwyr gynnau,
Hir o chwedl, fardd cenhedloyw,
Ni hunai hoen ertrai hoyw,
'Y nyn, ni hunwn innau,
28 Er maint oedd y meddwaint mau.
Sef meddyliais, ei cheisiaw
O'r gwâl drwg i'r gwiail draw.
Cyd bai anawdd, garwgawdd gŵr,
32 Ei chael i wrth ei chulwr,
Mai degwch, mi a'i dugum,
Ym delw Fair fyw, dilwfr fûm.
Ni wyddiad, bryd lleuad bro,
36 Y dynion ei bod yno;
Nid oedd fawr, am geinwawr gynt,
Ysgipio 'mhen pes gwypynt.
Od â bun ar ei hunpwynt
40 I gyd-gyfeddach ag wynt,
Ei rhieni, rhai anardd,
A geidw bun rhag oed â'i bardd.
Hir fydd ynn, eosydd nos,
44 Hirun Faelgwn, ei haros.

16 *Caru yn y Gaeaf*

Gwae a garo, gwag eiriawl,
Eithr yr haf, mae'n uthr yr hawl,
Ar ôl unnos am dlosferch
4 A gefais i, mau gof serch,
Y gaeaf, addefaf ddig,
Dulwm wedy'r Nadolig,
Ar eira, oer yw'r arwydd,
8 A rhew, a'r pibonwy rhwydd.

Difar hwyl, fawr ddisgwyl farn,
Dyfod yn frwysg o'r dafarn

I geisiaw, mawr fraw fu'r mau,
12 Gweled serchawgddyn golau,
Drwy goed y glyn, ni'm syn serch,
Am y maenfur â meinferch.
Drwg fu i mi, defni'r don,
16 Ceusallt o'r bargod cyson.
A phan ddeuthum, gwybûm ged,
Perygl oedd, garllaw'r pared,
Tew oedd dan frig y to oer
20 Rhywlyb bibonwy rhewloer.

Hyfedr i'm safn y dafna,
Rhwysg oer chwibenygl rhisg iâ;
Disglair gribin ewinrhew,
24 Dannedd og rhywiog o'r rhew,
Canhwyllau, defnyddiau dig,
Prys addail, Paris eiddig;
Dagrau oer, dagerau iâ
28 Cofus, o ddurew cyfa.
Gwybu fy ngwar, digar dôn,
Gloes y gwerthydoedd gleision.

Gwneuthum amnaid dan gnithiaw
32 Yn llaes ar ffenestr â'm llaw.
Cynt y clybu, bryd cyntun,
Gerwin fu, y gŵr no'i fun.
Golinio rhiain feinloer
36 A wnâi â'i benelin oer;
Tybio bod, trwy amod rhai,
Manwl yn ceisio mwnai.
Cyfodes y delff celffaint
40 O'i wâl ei hun, awel haint.
Llwfr fu ddigwas anrasol,
Llefain o'r milain i'm ôl.
Dug am fy mhen, daith enbyd,
44 Dorf o gas y dref i gyd.
Rhoi cannwyll Fair ddiweiroed
Yn ael rhych yn ôl fy nhroed,
Llefain o hwn, gwn ganllef,
48 'Llyma'i ôl, a llym yw ef.'

Yna y ciliais, drais draglew,
Ar hyd y du grimp a'r rhew,
I gyrchu'r bedwlwyn mwynaf
52 Ar hynt, a'm lloches yr haf.
Tybiaswn fod, clod cludreg,
Y tyno dail a'r to'n deg,
A mwyn adar a'm carai,
56 A merch a welswn ym Mai.

Yno nid oedd le unoed,
Llyna gawdd, eithr llwyn o goed;
Nac arwydd serch nac arail,
60 Na'r dyn a welswn na'r dail.
Nithiodd y gaeaf noethfawr,
Dyli las, y dail i lawr.

Am hyn y mae 'mofyn Mai,
64 A meiriol hin ni'm oerai.
Dyn wy' 'ngharchar dan aeaf,
A'r hir hawddamor i'r haf.

Y Niwl

Doe Ddifiau, dydd i yfed,
Da fu ym gael, dyfu ym ged,
Coel fawrddysg, cul wyf erddi,
4 Cyfa serch, y cefais i
Gwrs glwysgainc goris glasgoed
Gyda merch, gedy ym oed.

Nid oedd, o dan hoywdduw Dad,
8 Dawn iddi, dyn a wyddiad,
Or bydd Difiau, dechrau dydd,
Lawned fûm o lawenydd,
Yn myned, gweled gwiwlun,
12 I'r tir ydd oedd feinir fun,
Pan ddoeth yn wir ar hirros
Niwl yn gynhebyg i nos;
Rhol fawr a fu'n glawr i'r glaw,
16 Rhestri gleision i'm rhwystraw;

Rhidyll ystaen yn rhydu,
Rhwyd adar y ddaear ddu;
Cae anghlaer mewn cyfynglwybr,
20   Carthen anniben yn wybr.
Cwfl llwyd yn cyfliwio llawr,
Cwfert ar bob cwm ceufawr.
Clwydau uchel a welir,
24   Clais mawr uwch garth, tarth y tir.
Cnu tewlwyd gwynllwyd gwanllaes
Cyfliw â mwg, cwfl y maes.
Coetgae glaw er lluddiaw lles,
28   Codarmur cawad ormes.
Twyllai wŷr, tywyll o wedd,
Toron gwrddonig tiredd.
Tyrau uchel eu helynt,
32   Tylwyth Gwyn, talaith y gwynt.
Tir a gudd ei ddeurudd ddygn,
Torsedd yn cyrchu'r teirsygn.
Tywyllwg, un tew allardd,
36   Delli byd i dwyllo bardd.
Llydanwe gombr gostombraff,
Ar lled y'i rhodded fal rhaff.
Gwe adrgop, Ffrengigsiop ffrwyth,
40   Gwaun dalar Gwyn a'i dylwyth.
Mwg brych yn fynych a fydd,
Mygedorth cylch Mai goedydd.
Anardd darth lle y cyfarth cŵn,
44   Ennaint gwrachïod Annwn.
Gochwith megis gwlith y gwlych,
Habrsiwn tir anehwybrsych.

Haws cerdded nos ar rosydd
48   I daith nog ar niwl y dydd;
Y sêr a ddaw o'r awyr
Fal fflamau canhwyllau cwyr,
Ac ni ddaw, poen addaw pŵl,
52   Lloer na sêr Nêr ar nïwl.
Gwladaidd y'm gwnaeth yn gaeth-ddu
Y niwl fyth, anolau fu;
Lluddiodd ym lwybr dan wybren,
56   Llatai a ludd llwytu len,

50

A lluddias ym, gyflym gael,
Fyned at fy nyn feinael.

Noson Olau

Pynciau afrwydd drwy'r flwyddyn
A roes Duw i rusio dyn.
Nid eiddo serchog diddim
4   Nos yn rhydd, na dydd na dim.
Neud gwedy gwydn o gythrudd
Nid nes lles, neud nos a'i lludd.
Neud ofer brig llawer llwyn,
8   Neud wyf glaf am dwf gloywfwyn.
Ni lefys dyn hael Ofydd,
Ei brawd wyf, i'w bro y dydd.
Na bydd mawr, gwn, y budd mau
12   Na sâl, tra bo nos olau.

    Gwn ddisgwyl dan gain ddwysgoed,
Gwyw fy nrem rhag ofn, *er oed.*
Gwaeth no'r haul yw'r oleuloer,
16   Gwaith yr oedd, mawr oedd, mor oer;
Golydan ail eirian loer,
Goleudan hin galedoer.
Gweniaith rwydd, gwae ni o thrig,
20   Gwae leidr o fo gwyliedig!
A fu ddim waeth, rygaeth reg,
I leidr no nos oleudeg?

    Blin yw ar bob blaen newydd,
24   Blodeuyn o dywyn dydd.
Ei threfn fydd bob pythefnos
(Ei thref dan nef ydyw nos)
I ddwyn ei chwrs odd yna,
28   Myfyr oedd, mwyfwy yr â
Hon, oni fo dau hanner,
Huan, nos eirian, y sêr.
Hyrddia lanw, hardd oleuni,
32   Haul yr ellyllon yw hi.

Eiddig dawel o'i wely
Wrth bryd, llwyr fryd, y lloer fry,
I'm gwâl dan y gwial da,
36 A'm gwŷl i'w ymyl yma.
Rhyborth i'r gŵr fu'r fflwring;
Rhyddi a nef dref y dring.
Rhygron fu hon ar fy hynt,
40 Rhywel ysbardun rhewynt.
Rhwystr serchog anfoddog fydd,
Rhyw wegil torth rhewogydd.
Rhyleidr haf a'i gwarafun,
44 Rhyloyw fu er hwyl i fun.
Rhy uchel yw ei gwely,
Rhan Ddwy fraisg, ar hindda fry.

Cennyw lle bwyf, cannwyll byd,
48 Cwfert, o'r wybr y cyfyd.
Cyflunddelw gogr cyflawnddellt,
Cynefin ei min â mellt.
Cerddedwraig llwybr yn wybr nen,
52 Carrai fodd, cwr efydden.
Cyfled ei chae â daear,
Cyfliw gwersyllt gwyllt a gwâr.
Camp mesurlamp maes serloyw,
56 Cwmpas o'r wybren las loyw.

Dydd heb haul, deddyw polart,
Dig fu, i'm gyrru o'm gwart.
Disgleirbryd, cyn dwys glaerbrim
60 Da oedd ym pei duai ddim.
I anfon llateion taer,
Dioferchwedl, dai f'eurchwaer,
Tra fo nos, loyw ddiddos lân,
64 Tywyllid Tad Duw allan.
Rhwol teg oedd i'n rhiydd,
Rho Duw, yn olau rhoi dydd,
A rhoi nos ynn, ein rhan oedd,
68 Yn dywyll i ni'n deuoedd.

Gwae ni, hil eiddil Addaf,
Fordwy rhad, fyrred yr haf.
Rho Duw, gwir mai dihiraf,
4   Rhag ei ddarfod, dyfod haf,
   A llednais wybr ehwybraf
   A llawen haul a'i lliw'n haf,
   Ac awyr erwyr araf,
8   A'r byd yn hyfryd yn haf.

   Cnwd da iawn, cnawd dianaf,
   O'r ddaear hen a ddaw'r haf.
   I dyfu, glasu glwysaf,
12   Dail ar goed y rhoed yr haf.
   Gweled mor hardd, mi chwarddaf,
   Gwallt ar ben hoyw fedwen haf.
   Paradwys, iddo prydaf,
16   Pwy ni chwardd pan fo hardd haf?
   Glud anianol y'i molaf,
   Glwysfodd, wi o'r rhodd yw'r haf!

   Deune geirw dyn a garaf
20   Dan frig, a'i rhyfyg yw'r haf.
   Y gog serchog, os archaf,
   A gân, ddechrau huan haf,
   Glasgain edn, glwys ganiadaf
24   Gloch osber am hanner haf.
   Bangaw llais eos dlosaf
   Bwyntus hy dan bentis haf.
   Ceiliog, o frwydr y ciliaf,
28   Y fronfraith hoywfabiaith haf.
   Dyn Ofydd, hirddydd harddaf,
   A draidd, gair hyfaidd, yr haf.
   Eiddig, cyswynfab Addaf,
32   Ni ddawr hwn oni ddaw'r haf.
   Rhoed i'w gyfoed y gaeaf,
   A rhan serchogion yw'r haf.

   Minnau dan fedw ni mynnaf
36   Mewn tai llwyn ond mentyll haf.

Gwisgo gwe lân amdanaf,
Gwnsallt bybyr harddwallt haf.
Eiddew ddail a ddadeiliaf.
40 Annwyd ni bydd hirddydd haf.
Lledneisferch os anerchaf,
Llon arail hon ar ael haf.

    Gwawd ni lwydd, arwydd oeraf,
44 Gwahardd ar hoywfardd yr haf.
Gwynt ni ad, gwasgad gwisgaf,
Gwŷdd ym mhwynt, gwae ddoe am haf!
Hiraeth, nid ymddiheuraf,
48 Dan fy mron am hinon haf.
O daw, hydref, ef aeaf,
Eiry a rhew, i yrru'r haf,
Gwae finnau, Grist, gofynnaf,
52 Os gyr mor rhyfyr, "Mae'r haf?"

20   *Offeren y Llwyn*

Lle digrif y bûm heddiw
Dan fentyll y gwyrddgyll gwiw,
Yn gwarando ddechrau dydd
4 Y ceiliog bronfraith celfydd
Yn canu englyn alathr,
Arwyddion a llithion llathr.

    Pellennig pwyll ei annwyd,
8 Pell siwrneiai'r llatai llwyd.
Yma y doeth o swydd goeth Gaer,
Am ei erchi o'm eurchwaer,
Geirio, hyd pan geir gwarant,
12 Sef y cyrch, yn entyrch nant.
Morfudd a'i hanfonasai,
Mydr ganiadaeth mab maeth Mai.
Amdano yr oedd gamsai
16 O flodau mwyn gangau Mai,
A'i gasul, debygesynt,
O esgyll, gwyrdd fentyll, gwynt.

Nid oedd yna, myn Duw mawr,
20 Ond aur oll yn do'r allawr.
Mi a glywwn mewn gloywiaith
Ddatganu, nid methu, maith,
Darllain i'r plwyf, nid rhwyf rhus,
24 Efengyl yn ddifyngus;
Codi ar fryn ynn yna
Afrlladen o ddeilen dda;
Ac eos gain fain fangaw
28 O gwr y llwyn gar ei llaw,
Clerwraig nant, i gant a gân
Cloch aberth, clau ei chwiban,
A dyrchafel yr aberth
32 Hyd y nen uwchben y berth;
A chrefydd i'n Dofydd Dad,
A charegl nwyf a chariad.
Bodlon wyf i'r ganiadaeth,
36 Bedwlwyn o'r coed mwyn a'i maeth.

21   *Merch ac Aderyn*

Eiddun dewisaf serchawg,
O Dduw Rhi, a ddaw yrhawg,
O bai'n barawd y wawd wedn,
4   Bun gywiw a bangawedn?
Ni bu, er dysgu disgwyl,
Gan serchogwas golas gŵyl
Crefft mor ddigrif, o'm llif llid,
8   Ag aros bun a gerid,
A rhodio, heirio hiroed,
Cilfachau cadeiriau coed,
Mal cynydd, chwareydd chwai,
12 Am lwdn gwyllt a ymlidiai
O le pwygilydd, o lid,
O lwyn i lwyn, ail Enid,
Ac edn bach a geidw ynn bwyll
16 Yn ochr wybr yn ei chrybwyll.

Golau lais, galw ail Esyllt
A wnâi y gwiw latai gwyllt
Aur ei ylf ar wialen,
20   Ar ei gred, yn gweled gwen.
Digrif, peis gatai'r dagrau
A red, oedd glywed yn glau
Dyrain mawr ederyn Mai
24   Dan irfedw y dyn erfai.
Eirian farchog doniog dôn
Urddol aur ar ddail irion,
Hoyw erddigan a ganai
28   Awr by awr, poen fawr pan fai.
Nid âi ef, mygrwas lef mwyn,
Arianllais edn, o'r unllwyn,
Meddylgar gerdd glaear glau,
32   Mwy nog ancr, meinion geinciau.

        Da y gweddai 'medwendai mwyn,
Or delai'r edn i'r deilwyn,
Corfedw diddos eu hosan,
36   Cyweithas gawell glas glân.
Teg fedwen, to gyfoedwallt,
Twr diwael ar ael yr allt.
Tyfiad heb naddiad neddyf,
40   Tŷ, ar un piler y tyf.
Tusw gwyrdd hudolgyrdd deilgofl,
Tesgyll yn sefyll ar sofl.
Tywyllban, mursogan Mai,
44   Tew irnen, rhad Duw arnai.

        Crefft ddigrif oedd, myn y crair,
Cusanu dyn cysonair,
Ac edrych gwedy'n gwiwdraul
48   Rhôm ein hun, rhwymynnau haul,
Drwy fantell fy niellwraig,
Drumiau, ceiniogau cynhaig,
A lleddfu agwedd heddiw
52   Llygad glas llwygedig liw,
Oroen gem eirian gymwyll,
Ar y dyn a oryw dwyll.

A mi'n glaf er mwyn gloywferch,
Mewn llwyn yn prydu swyn serch,
Ddiwrnawd, pybyrwawd pill,
4 Ddichwerw wybr, ddechrau Ebrill,
A'r eos ar ir wiail,
A'r fwyalch deg ar fwlch dail —
Bardd coed mewn trefngoed y trig —
8 A bronfraith ar ir brenfrig
Cyn y glaw yn canu'n glau
Ar las bancr eurlais bynciau;
A'r ehedydd, lonydd lais,
12 Cwcyllwyd edn cu callais,
Yn myned mewn lludded llwyr
Â chywydd i entrych awyr,
(O'r noethfaes, edlaes edling,
16 Yn wysg ei gefn drefn y dring);
Minnau, fardd rhiain feinir,
Yn llawen iawn mewn llwyn ir,
A'r galon fradw yn cadw cof,
20 A'r enaid yn ir ynof
Gan addwyned gweled gwŷdd,
Gwaisg nwyf, yn dwyn gwisg newydd,
Ac egin gwin a gwenith
24 Ar ôl glaw araul a gwlith,
A dail glas ar dâl y glyn,
A'r draenwydd yn ir drwynwyn;
Myn y Nef, yr oedd hefyd
28 Y bi, ffelaf edn o'r byd,
Yn adeilad, brad brydferth,
Yn nhalgrychedd perfedd perth,
O ddail a phriddgalch, balch borth,
32 A'i chymar yn ei chymorth.

Syganai'r bi, cyni cwyn,
Drwynllem falch ar y draenllwyn:

'Mawr yw dy ferw, goeg chwerw gân,
36 Henwr, wrthyd dy hunan.
Gwell yt, myn Mair air aren,

Garllaw tân, y gŵr llwyd hen,
Nog yma 'mhlith gwlith a glaw
40   Yn yr irlwyn ar oerlaw.'

   'Taw â'th sôn, gad fi'n llonydd
Ennyd awr oni fo dydd.
Mawrserch ar ddiweirferch dda
44   A bair ym y berw yma.'

   'Ofer i ti, gweini gwŷd,
Llwyd anfalch gleirch lled ynfyd,
Ys mul arwydd am swydd serch,
48   Ymleferydd am loywferch.'

   'Dydi, bi, du yw dy big,
Uffernol edn tra ffyrnig,
Mae i tithau, gau gofwy,
52   Swydd faith a llafur sydd fwy —
Tau nyth megis twyn eithin,
Tew fydd, cryw o frwydwydd crin.
Mae't blu brithu, cu cyfan,
56   *Affan* o bryd, a phen brân,
Mwtlai wyd di, mae't liw tyg,
Mae't lys hagr, mae't lais hygryg.
A phob iaith bybyriaith bell
60   A ddysgud, freith-ddu asgell.
Dydi, bi, du yw dy ben,
Cymorth fi, od wyd cymen.
Dyro ym gyngor gorau
64   A wypych i'r mawrnych mau.'

   'Gwyddwn yt gyngor gwiwdda,
Cyn dêl Mai, ac o gwnai, gwna.
Ni ddylyy, fardd, harddfun,
68   Nid oes yt gyngor ond un:
Dwys iawn fydr, dos yn feudwy,
Och ŵr mul! ac na châr mwy.'

   Llyma 'nghred, gwylied Geli,
72   O gwelaf nyth byth i'r bi,
Na bydd iddi hi o hyn
Nac wy, dioer, nac ederyn.

Yr Ehedydd

Oriau hydr yr ehedydd
A dry fry o'i dŷ bob dydd,
Borewr byd, berw aur bill,
4   Barth â'r wybr, borthor Ebrill.

Llef radlon, llywiwr odlau,
Llwybr chweg, llafur teg yw'r tau:
Llunio cerdd uwchben llwyn cyll,
8   Lledneisgamp llwydion esgyll.
Bryd y sydd gennyd, swydd gu,
A brig iaith, ar bregethu.
Braisg dôn o ffynnon y ffydd,
12   Breiniau 'dwfn gerbron Dofydd.
Fry yr ai, iawnGai angerdd,
Ac fry y ceny bob cerdd;
Mygr swyn gerllaw magwyr sêr,
16   Maith o chwyldaith uchelder.
Dogn achub, digon uched
Y dringaist, neur gefaist ged.

Moled pob mad greadur
20   Ei Greawdr, pefr lywiawdr pur.
Moli Duw mal y dywaid,
Mil a'i clyw, hoff yw, na phaid.
Modd awdur serch, mae 'dd ydwyd?
24   Mwyngroyw y llais mewn grae llwyd.
Cathl lân a diddan yw'r dau,
Cethlydd awenydd winau.
Cantor o gapel Celi,
28   Coel fydd teg, celfydd wyd di.
Cyfan fraint, aml gywraint gân,
Copa llwyd yw'r cap llydan.
Cyfeiria'r wybr cyfarwydd,
32   Cywyddol, dir gwyndir gŵydd.

Dyn uwchben a'th argenfydd
Dioer pan fo hwyaf y dydd.
Pan ddelych i addoli,
36   Dawn a'th roes Duw Un a Thri:

Nid brig pren uwchben y byd
A'th gynnail, mae iaith gennyd,
Ond rhadau y deau Dad
40   A'i firagl aml a'i fwriad.

Dysgawdr mawl rhwng gwawl a gwyll,
Disgyn, nawdd Duw ar d'esgyll.
Fy llwyteg edn, yn llatai,
44   A'm brawd awdurdawd, od ai,
Annerch gennyd wiwbryd wedd,
Loyw ei dawn, leuad Wynedd.
A chais un o'i chusanau
48   Yman i'w ddwyn ym, neu ddau.
Dyfri yr wybrfor dyrys,
Dos draw hyd gerllaw ei llys.
Byth, genthi bwyf fi, a fydd,
52   Bâr Eiddig, un boreddydd.

Mae arnad werth cyngherthladd
Megys na lefys dy ladd.
Be rhôn a'i geisio, berw hy,
56   Bw i Eiddig, ond byw fyddy.
Mawr yw'r sercl yt o berclwyd,
Â bwa a llaw mor bell wyd.
Trawstir sathr, trist yw'r saethydd,
60   Trwstan o'i fawr amcan fydd;
Trwch ei lid, tro uwch ei law
Tra êl â'i hobel heibiaw.

24   *Y Gwynt*

Yr wybrwynt helynt hylaw
Agwrdd drwst a gerdda draw,
Gŵr eres wyd garw ei sain,
4   Drud byd heb droed heb adain.
Uthr yw mor aruthr y'th roed
O bantri wybr heb untroed,
A buaned y rhedy
8   Yr awron dros y fron fry.

Nid rhaid march buan danad,
Neu bont ar aber, na bad.
Ni boddy, neu'th rybuddiwyd,
12 Nid ai ynglŷn, diongl wyd.
Nythod ddwyn, cyd nithud ddail,
Ni'th dditia neb, ni'th etail
Na llu rhugl, na llaw rhaglaw,
16 Na llafn glas na llif na glaw.
Ni'th ddeil swyddog na theulu
I'th ddydd, nithydd blaenwydd blu.
Ni'th ladd mab mam, gam gymwyll,
20 Ni'th lysg tân, ni'th lesga twyll.
Ni'th wŷl drem, noethwal dramawr,
Neu'th glyw mil, nyth y glaw mawr;
Noter wybr natur ebrwydd,
24 Neitiwr gwiw dros nawtir gŵydd.

Rhad Duw wyd ar hyd daear,
Rhuad blin doriad blaen dâr.
Sych natur, creadur craff,
28 Seirniawg wybr, siwrnai gobraff.
Saethydd ar froydd eiry fry
Seithug eisingrug songry.
Dywed ym, diwyd emyn,
32 Dy hynt, di ogleddwynt glyn.
Drycin yn ymefin môr,
Drythyllfab ar draethellfor.
Huawdl awdr, hudol ydwyd,
36 Hëwr, dyludwr dail wyd.
Hyrddiwr, breiniol chwarddwr bryn,
Hwylbrenwyllt heli bronwyn.

Hydoedd y byd a hedy,
40 Hin y fron, bydd heno fry,
Och ŵr, a dos Uwch Aeron
Yn glaer deg, yn eglur dôn.
Nac aro di, nac eiriach,
44 Nac ofna er Bwa Bach
Cyhuddgwyn wenwyn weini;
Caeth yw'r wlad a'i maeth i mi.
Gwae fi pan roddais i serch

48   Gobrudd ar Forfudd, f'eurferch;
        Rhiain a'm gwnaeth yn gaethwlad,
        Rhed fry rhod a thŷ ei thad.

        Cur y ddôr, par egori
52   Cyn y dydd i'm cennad i.
        A chais ffordd ati, o chaid,
        A chŵyn lais fy uchenaid.
        Deuy o'r sygnau diwael,
56   Dywed hyn i'm diwyd hael:
        Er hyd yn y byd y bwyf,
        Corodyn cywir ydwyf.
        Ys gwae fy wyneb hebddi,
60   Os gwir nad anghywir hi.
        Dos fry, ti a wely wen,
        Dos obry, dewis wybren.
        Dos at feinwen felenllwyd,
64   Debre'n iach, da wybren wyd.

25   *Breichiau Morfudd*

        Twf y dyn tyfiad Enid,
        A'r tefyll aur, a'm tyf llid.
        Tâl moeledd, talm o alaw,
4   Tëyrnasaidd lariaidd law.
        Dyn ŵyl dda ei dynoliaeth
        A'i modd, gwell no neb ei maeth.
        Ddwylo mwnwgl dan ddeiloed
8   Ydd aeth i anghengaeth hoed,
        Peth nid oedd ef gynefin,
        A chael ymafael â'i min.
        Gwanfardd gweddeidd-dwf gwinfaeth
12   Oeddwn gynt iddi yn gaeth.

        Amau bwyll, y mae bellach,
        Dawn fu, a rhoi Duw yn fach,
        Rhyw gwlm serch, cyd rhygelwyf,
16   Rhôm, od gwn, rhwymedig wyf,
        Manodliw fraich mynudloyw

Morfudd huan ddeurudd hoyw
A'm daliawdd, bu hawdd bai hy,
20   Daldal yng nghongl y deildy.
Da fu hirwen dwf hwyrwar,
Daly i'm cylch dwylo a'm câr.
Daliad cwlm o gariad coeth
24   Dau arddwrn dyn diweirddoeth.
Dogn oedd ym, o'm hylym hwyl,
Dewr goler serch dirgelwyl.

    Llathr ieuo'r bardd, gem harddlun,
28   Llai no baich oedd befrfraich bun.
Goris clust goreuwas clod
Gorthorch, ni wn ei gwrthod,
Lliw'r calch, yn lle eiry cylchyn —
32   Llyna rodd da ar wddf dyn —
A roes bun, ac un a'i gŵyr,
Am fwnwgl bardd, em feinwyr.
Teg oedd weled mewn rhedyn
36   Tegau dwf yn tagu dyn.
Wedy cael ymafael mwy,
Wawr euraid, wi o'r aerwy!
Hydwyll y'm rhwymodd hudawl;
40   Hoedl i'r fun hudolair fawl
A geidw ym, drefn erddrym draidd,
Fy mwythau yn famaethaidd.

    Nid serch i neb f'amherchi,
44   Delw haul, rhwng ei dwylo hi.
Diofn, dilwfr, eofn dâl
A du wyf a diofal,
A deufraich fy nyn difrad
48   I'm cylchyn; meddlyn ai mad?
Meddw oeddwn, mau ddioddef,
Meddwaint rhiain groywfain gref.
Mynwyd fy myd heb fy mâr,
52   Mynwyn y'm gwnaeth braich meinwar.
Mynwes gylchyniad mad maith,
Mynwair fuont ym unwaith.

Gorllwyn ydd wyf ddyn geirllaes,
Gorlliw eiry mân marian maes;
Gwŷl Duw y mae golau dyn,
4   Goleuach nog ael ewyn.
Goleudon lafarfron liw,
Goleuder haul, gŵyl ydyw.
Gwŷr obryn serchgerdd o'm pen,
8   Goreubryd haul ger wybren.
Gwawr y bobl, gwiwra bebyll,
Gwŷr hi gwatwaru gŵr hyll.
Gwiw Forfudd, gwae oferfardd
12   Gwan a'i câr, gwen hwyrwar hardd.
Gwe o aur, llun dyn, gwae ef
Gwiw ei ddelw yn gwaeddolef.

    Mawr yw ei thwyll a'i hystryw,
16   Mwy no dim, a'm enaid yw.
Y naill wers yr ymddengys
Fy nyn gan mewn llan a llys,
A'r llall, ddyn galch falch fylchgaer,
20   Yr achludd gloyw Forfudd glaer,
Mal haul ymylau hoywles,
Mamaeth tywysogaeth tes.
Moliannus yw ei syw swydd,
24   Maelieres Mai oleurwydd.
Mawr ddisgwyl Morfudd ddisglair,
Mygrglaer ddrych mireinwych Mair.

    Hyd y llawr dirfawr derfyn
28   Haul a ddaw mal hoywliw ddyn
Yn deg o uncorff y dydd,
Bugeiles wybr bwygilydd.
Gwedy dêl, prif ryfel praff,
32   Dros ei phen wybren obraff,
Pan fo, poen fawr a wyddem,
Raid wrth yr haul a draul drem,
Y diainc ymron duaw,
36   Naws poen ddig, y nos pan ddaw.

Dylawn fydd yr wybr dulas,
Delw *eilywed*, blaned blas.
Pell i neb wybod yna,
40   Pêl yw i Dduw, pa le'dd â.
Ni chaiff llaw yrthiaw wrthi,
Nac ymafael â'i hael hi.
Trannoeth y drychaif hefyd,
44   Ennyn o bell o nen byd.

Nid annhebyg, ddig ddogni,
Ymachludd Morfudd â mi;
Gwedy dêl o'r awyr fry,
48   Dan haul wybr dwyn hwyl obry,
Yr ymachludd teg ei gwg
Dan orddrws y dyn oerddrwg.

Erlynais nwyf ar lannerch
52   Y Penrhyn, esyddyn serch.
Peunydd y gwelir yno
Pefrddyn goeth, a pheunoeth ffo.
Nid nes cael ar lawr neuadd
56   Daro llaw, deryw fy lladd,
Nog fydd, ddyn gwawdrydd gwiwdraul,
I ddwylo rhai ddaly yr haul.
Nid oes rhagorbryd pefrlon
60   Gan yr haul gynne ar hon.
Os tecaf un eleni,
Tecaf, hil naf, ein haul ni.

Paham, eiddungam ddangos,
64   Na ddeaill y naill y nos,
A'r llall yn des ysblennydd,
Olau da, i liwio dydd?
Ped ymddangosai'r ddeubryd
68   Ar gylch i bedwar bylch byd,
Rhyfeddod llyfr dalensyth
Yn oes bun ddyfod nos byth.

Un agwedd, oferedd fu,
Oerni cur, yr wy'n caru
Â'r ffôl yn ymlid ar ffyrdd
4   Ei gysgod trwy goed gwisgwyrdd.
Parabl mab a fydd trabalch,
Cyd bo gynt no'r gwynt neu'r gwalch,
Naws dig, ni bydd nes y daw,
8   Barn hen oedd, brynhawn iddaw,
Brwysg feddwl, braisg gyfaddas,
Byr ei glod, no'r bore glas.
Nid â ei gysgod, a dau,
12   O'i ymyl yn ei amau.

Un foddion, anufuddoed,
Wyf â hwn, mau ofwy hoed;
Minnau sydd, meinwas oeddwn,
16   Mawr o hud, myn Mair, yw hwn,
Yn nychu yn wan achul
O serch yr addfeinferch ful.
Gwreiddiodd cariad goreuddyn,
20   Glud i'm deheufron y glŷn,
Lliw eiry mân uwchllaw'r mynydd,
Lloer deg, er ys llawer dydd.
Hyn a wasg fy ngrudd glasgrych;
24   Heno nid nes, hoywnod nych,
Cael meddwl rhiain feinir
No'r dydd cyntaf o'r haf hir,
Mwy no'r ffôl aŕ ledol ôd
28   O'i gwsg am ddal ei gysgod.

Diamynedd y'm gwneddyw,
Diriaid ym diweiried yw.
Ni symud mynud meinir
32   Na'i gwên er celwydd na gwir,
Mynog wedd, mwyn yw a gwiw,
Mwy no delw, manod eiliw.
Ni'm cymer i fy rhiain,
36   Ni'm gwrthyd f'anwylyd fain.
Ni'm lludd meinwar i'w charu,

Ni'm lladd ar unwaith em llu.
Ond o'm gwŷl gwen gymheniaith,
40 Degau chwimp, yn digio chwaith,
Cael a wnaf, cywely nwyf,
Cusan yr awr y'i ceisiwyf,
A glas chwerthin, gwedd hinon,
44 Gwyngen hawdd, a gawn gan hon.
Ped fai Ddoethion, wirion wedd,
Rhufain, llyna beth rhyfedd,
Yn ceisiaw, alaw eilun,
48 Nychu yr wyf, ni châi'r un
Adnabod, nod anniben,
O nawd gwir anwydau gwen.
Ni wn pa un, fun feinir,
52 Yw hyn, lliw gwyn, yn lle gwir,
Ai gwatwar, cynnar y cad,
Am wir gur, ai mawr gariad.

Degau ddadl, digio'dd ydwyf,
56 Da bychan ym, dibech nwyf,
Dwyn hirnych, dyn gwych ei gwedd,
Dwyoes, a marw o'r diwedd.

28   *Dyddgu*

Ieuan, iôr gwaywdan gwiwdad,
Iawnfab Gruffudd, cythrudd cad,
Fab Llywelyn, wyn wingaer,
4 Llwyd, unben wyd, iawnben aer,
Y nos arall, naws arial,
Y bûm i'th dŷ, bo maith dâl;
Nid hawdd er hyn hyd heddiw,
8 Hoen wymp, ym gaffael hun wiw.
Dy aur a gawn, radlawn rydd,
Dy loyw win, dy lawenydd,
Dy fedd glas difaddau i glêr,
12 Dy fragod du ei friger.

Dy ferch, gwn na ordderchai,
Feinwen deg o feinin dai.

67

Ni chysgais, ni weais wawd,
16 Hun na'i dryll, heiniau drallawd.
Duw lwyd, pwy a'm dilidia?
Dim yn fy nghalon nid â,
Eithr ei chariad taladwy;
20 O rhoid ym oll, ai rhaid mwy?
Ni'm câr hon, neu'm curia haint,
Ni'm gad hun, o'm gad henaint.

Rhyfedd gan Ddoethion Rhufain
24 Rhyfedded pryd fy myd main,
Gwynnach nog eiry y gwanwyn;
Gweddw wyf o serch y ferch fwyn.
Gwyn yw'r tâl dan wialen,
28 Du yw'r gwallt, diwair yw gwen.
Duach yw'r gwallt, diochr gwŷdd,
No mwyalch neu gae mywydd.
Gwynder disathr ar lathrgnawd
32 Yn duo'r gwallt, iawnder gwawd.

Nid annhebyg, ddiddig ddydd,
Modd ei phryd, medd ei phrydydd,
I'r ferch hygar a garawdd
36 Y milwr gynt, mau lwyr gawdd,
Peredur ddwysgur ddisgwyl
Fab Efrog, gwrdd farchog gŵyl,
Pan oedd yn edrych, wych wawl,
40 Yn yr eiry, iôn eryrawl,
Llen asur ger llwyn Esyllt,
Llwybr balch lle y buasai'r gwalch gwyllt
Yn lladd, heb neb a'i lluddiai,
44 Mwyalch, morwyn falch, ar fai.
Yno'r oedd iawn arwyddion
(Pand Duw a'i tâl paentiad hon?)
Mewn eiry gogyfuwch, luwch lwyth,
48 Modd ei thâl, medd ei thylwyth;
Asgell y fwyalch esgud
Megis ei hael, megais hud;
Gwaed yr edn gwedy r'odi,
52 Gradd haul, mal ei gruddiau hi.

Felly y mae, eurgae organ,
Dyddgu a'r gwallt gloywddu glân.
Beirniad fûm gynt, hynt hyntiaw,
56 Barned rhawt o'r beirniaid draw
Ai hywaith, fy nihewyd,
Ymy fy myw am fy myd.

29 *Caru Merch Fonheddig*

Dyddgu ddiwaradwyddgamp,
Fy nghariad oleuad lamp,
Anlladrwydd, dioer, yn lledrad
4 Ydoedd ymy fry o frad.
Arglwyddes eiry ei gloywddaint,
Dy garu fu haeddu haint.
Od wyf fi ŵr, nid af fyth
8 I geisio merch naf gwaywsyth,
Rhag fy ngalw, gŵr salw ei swydd,
Coffa lwybr, y cyfflybrwydd.

Rhy uchel, medd rhai uchod,
12 Y dringais pan gludais glod.
Hyder a wna dringhedydd,
Hydr y dring fal gwerling gwŷdd,
Oni ddêl, hyn a ddyly,
16 Bob ychydig hyd frig fry.
Oddyna y bydd anawdd
Disgynnu rhag haeddu cawdd.

Llongwyr, pan gân' ollyngwynt,
20 Lle y gwnân' dan hwntian dwyn hynt,
Ni bydd modfedd, salwedd som,
O ben ystyllen dollom,
Rhwyfwyr, merinwyr annoeth,
24 Rhyngthun' a'r anoddun noeth.
Ac i'r lan ar ddiwanfa
Y deuan', darogan da.

Saethydd a fwrw pob sothach
28 Heb y nod a heibio'n iach,

Ac ergyd hefyd difai
Yn y nod, pand iawn a wnâi?

    Ergyd damwain, rieinfun,
32   O gant oedd ddyfod ag un;
    Ergyd damwain, fun feinael,
    Em deg ŵyl, ymy dy gael.
    Ac am hynny, gem honnaid,
36   Nid drwg fy ngobaith, nid rhaid.
    Ef ry eill, ddyn eiry peilliw,
    Ym dy gael, wineuael wiw.
    Ofer oll er a allai
40   Na'th gawn; gwyn ei fyd a'th gâi!
    Oni'th gaf er cerdd erddrym
    Ddidranc, ddyn ieuanc ddawn ym,
    Mi a'th gaf, addwyn wyneb,
44   Fy nyn, pryd na'th fŷnno neb.

30   *Ei Gysgod*

    Doe'r oeddwn dan oreuddail
    Yn aros gwen, Elen ail,
    A gochel glaw dan gochl glas
4   Y fedwen, fal ynfydwas.
    Nachaf gwelwn ryw eilun
    Yn sefyll yn hyll ei hun.
    Ysgodigaw draw ar draws
8   Ohonof, fal gŵr hynaws,
    A chroesi rhag echrysaint
    Y corff mau â swynau saint.

    'Dywed, a phaid â'th dewi,
12   Yma wyt ŵr, pwy wyt ti.'

    'Myfy wyf, gad d'ymofyn,
    Dy gysgod hynod dy hun.
    Taw, er Mair, na lestair les,
16   Ym fynegi fy neges.
    Dyfod ydd wyf, defod dda,
    I'th ymyl yn noeth yma,

I ddangos, em addwyn-gwyn,
20   Rhyw beth wyd; mae rhaib i'th ddwyn.'

      'Nage, ŵr hael, anwr hyll,
   Nid wyf felly, dwf ellyll.
   Godrum gafr o'r un gyfrith,
24   Tebygach wyd, tebyg chwith,
   I ddrychiolaeth hiraethlawn
   Nog i ddyn mewn agwedd iawn.
   Heusor mewn secr yn cecru,
28   Llorpau gwrach ar dudfach du.
   Bugail ellyllon bawgoel,
   Bwbach ar lun mynach moel.
   Grëwr yn chwarae griors,
32   Gryr llawn yn pori cawn cors.
   Garan yn bwrw ei gwryd,
   Gaerau'r ŵyll, ar gwr yr ŷd.
   Wyneb palmer o hurthgen,
36   Brawd du o ŵr mewn brat hen.
   Drum corff wedi'i droi mewn carth;
   Ble buost, hen bawl buarth?'

      'Llawer dydd, yt pes lliwiwn,
40   Gyda thi, gwae di o'th wn.'

      'Pa anaf arnaf amgen
   A wyddost ti, wddw ystên,
   Ond a ŵyr pob synhwyrawl
44   O'r byd oll? Yty baw diawl!
   Ni chatgenais fy nghwmwd,
   Ni leddais, gwn, leddf ysgŵd,
   Ni theflais ieir â thafl fain,
48   Ni fwbechais rai bychain.
   Ni wnaf yn erbyn fy nawn,
   Ni rwystrais wraig gŵr estrawn.'

      'Myn fy nghred, pei managwn
52   I rai na ŵyr hyn a wn,
   Dir ennyd cyn torri annog,
   'Y nghred y byddud ynghrog.'

71

'Ymogel, tau y magl tost,
56 Rhag addef rhawg a wyddost,
Mwy no phe bai, tra fai'n fau,
Gowni ar gwr y genau.'

31 ## Y Bardd a'r Brawd Llwyd

Gwae fi na ŵyr y forwyn
Glodfrys, â'i llys yn y llwyn,
Ymddiddan y brawd llygliw
4 Amdani y dydd heddiw.

Mi a euthum at y Brawd
I gyffesu fy mhechawd;
Iddo 'dd addefais, od gwn,
8 Mai eilun prydydd oeddwn;
A'm bod erioed yn caru
Rhiain wynebwen aelddu;
Ac na bu ym o'm llofrudd
12 Les am unbennes na budd;
Ond ei charu'n hir wastad,
A churio'n fawr o'i chariad,
A dwyn ei chlod drwy Gymry,
16 A bod hebddi er hynny,
A dymuno ei chlywed
I'm gwely rhof a'r pared.

Ebr y Brawd wrthyf yna,
20 'Mi a rown yt gyngor da:
O cheraist eiliw ewyn,
Lliw papir, oed hir hyd hyn,
Llaesa boen y dydd a ddaw;
24 Lles yw i'th enaid beidiaw,
A thewi â'r cywyddau
Ac arfer o'th baderau.
Nid er cywydd nac englyn
28 Y prynodd Duw enaid dyn.
Nid oes o'ch cerdd chwi, y glêr,
Ond truth a lleisiau ofer,

Ac annog gwŷr a gwragedd
32 I bechod ac anwiredd.
Nid da'r moliant corfforawl
A ddyco'r enaid i ddiawl.'

Minnau atebais i'r Brawd
36 Am bob gair ar a ddywawd:
'Nid ydyw Duw mor greulon
Ag y dywaid hen ddynion.
Ni chyll Duw enaid gŵr mwyn
40 Er caru gwraig na morwyn.
Tripheth a gerir drwy'r byd:
Gwraig a hinon ac iechyd.

'Merch sydd decaf blodeuyn
44 Yn y nef ond Duw ei hun.
O wraig y ganed pob dyn
O'r holl bobloedd ond tridyn.
Ac am hynny nid rhyfedd
48 Caru merched a gwragedd.
O'r nef y cad digrifwch
Ac o uffern bob tristwch.

'Cerdd a bair yn llawenach
52 Hen ac ieuanc, claf ac iach.
Cyn rheitied i mi brydu
Ag i tithau bregethu,
A chyn iawned ym glera
56 Ag i tithau gardota.
Pand englynion ac odlau
Yw'r hymnau a'r segwensiau?
A chywyddau i Dduw lwyd
60 Yw sallwyr Dafydd Broffwyd.

'Nid ar un bwyd ac enllyn
Y mae Duw yn porthi dyn.
Amser a rodded i fwyd
64 Ac amser i olochwyd,
Ac amser i bregethu,
Ac amser i gyfanheddu.
Cerdd a genir ymhob gwledd

73

68   I ddiddanu rhianedd,
         A phader yn yr eglwys
         I geisio tir Paradwys.

         'Gwir a ddywad Ystudfach
72   Gyda'i feirdd yn cyfeddach:
         "Wyneb llawen llawn ei dŷ,
         Wyneb trist drwg a ery."
         Cyd caro rhai santeiddrwydd,
76   Eraill a gâr gyfanheddrwydd.
         Anaml a ŵyr gywydd pêr
         A phawb a ŵyr ei bader,
         Ac am hynny'r deddfol Frawd,
80   Nid cerdd sydd fwyaf pechawd.

         'Pan fo cystal gan bob dyn
         Glywed pader gan delyn
         Â chan forynion Gwynedd
84   Glywed cywydd o faswedd,
         Mi a ganaf, myn fy llaw,
         Y pader fyth heb beidiaw.
         Hyd hynny mefl i Ddafydd
88   O chân bader, ond cywydd.'

32   *Y Mab Maeth*

         Mau gariad mewn magwriaeth,
         Mab rhyfygus, moethus, maeth,
         Mireinfab, mawr ei anfoes,
4   Meinferch mewn traserch a'i troes.
         Mab ym heddiw, nid gwiw gwad,
         Maeth rhag hiraeth yw cariad.
         Mawr o ddrwg, cilwg culi,
8   A wnaeth y mab maeth i mi.
         Mynnu ei ddwyn er mwyn merch,
         Mynnu gorllwyn ymannerch.
         Mynnu rhodio mewn rhedyn,
12   Mynnu ei ddenu o ddyn.

Mae'n rhyfawr ym fy nhrafael,
Mynnu ei gelu, a'i gael.
Meinir a ŵyr fy mynud,
16 Mynnu gwynfydu yn fud.
Megais, neur guriais, gariad,
Mab maeth o brydyddiaeth brad.
Meithrin chwileryn gwyn gwâr
20 I'm mynwes o serch meinwar,
Oedd ym fagu, llysu lles,
Mebyn meinwyn i'm mynwes.

      Mab rhyfedd, mi a'i profaf,
24 Ei foes yw hwn fis o haf.
Ni myn cariad ei wadu,
Na'i ddangos i lios lu.
Ni thry o ardal calon,
28 Ni thrig eithr ym mrig fy mron.
Ni ddichon ynn heddychawd,
Ni westety gwedy gwawd.
Nid eisteddai pei bai Bab,
32 Ni orfedd f'anniweirfab.
Ni saif, ni orsaif eurserch
Natur gŵyl, am orchwyl merch.
Tyfais ei chlod hyd Deifi,
36 Tadmaeth serch y ferch wyf fi.
Mab anodd, mi a boenais,
I'w feithring yw fyth rhwng ais.
Aflonydd yw fo 'leni
40 Y mab a fegais i mi.
Megais, dyn wyf cynnwyf cain,
Anwylfab i wen aelfain.

      Bychan, em eirian, i mi
44 Budd, er magu mab iddi.
Oerfel, serchowgrwydd arfaeth,
I'r ferch a'i rhoddes ar faeth,
Oni thâl, llawn ofal llu,
48 Mau fygwl, am ei fagu.

75

Mau aflwyddiant, coddiant cawdd,
Mefl iddo a'm aflwyddawdd!
Sef yw hwnnw, bw ni baidd,
4   Eiddig leidr, Iddew gwladaidd.
Ni adawdd, ni bu nawdd nes,
Da i'm helw, Duw a'm holes.
Cyweithas, hoywdras, hydrum,
8   Cyfoethawg, rhuddfoawg fûm.
Ethwyf o wiw nwyf yn iach,
Wythlid bwyll, a thlawd bellach.
Ciried, deddf cariad diddim,
12   Digardd wyf, a'm dug ar ddim.

Na rodded un cun ceinsyth
Fryd ar y byd, fradwr, byth.
Estron was, os dyry'n wir,
16   Fyd ollwng, ef a dwyllir.
Hud yw golud, a gelyn,
Brwydr dost yw a bradwr dyn.
Weithiau y daw, draw draha,
20   Weithiau yn ddiau ydd â,
Mal trai ar ymylau traeth,
Gwedy llanw gwawd a lluniaeth.

Chwerddid mwyalch ddichwerwddoeth
24   Yng nghelli las, cathlblas coeth.
Nid erddir marlbridd iddi,
Neud iraidd had, nid ardd hi.
Ac nid oes, edn fergoes fach,
28   O druth oll ei drythyllach.
Llawen yw, myn Duw Llywydd,
Yn llunio gwawd mewn llwyn gwŷdd.
Llawenaf, breiniolaf bryd,
32   Yw'r bastynwyr, byst ennyd.

Wylo a wnaf, bruddaf bryn,
Ymliwddeigr, galw am loywddyn,
Ac ni ŵyr Fair, glodair glud,
36   Ym wylo deigr am olud,

Gan nad oes, duunfoes deg,
Gymroaidd wlad Gymräeg
Hyd na chaffwyf, bwyf befriaith,
40 Durfing was, da er fy ngwaith;
Ac ni chaid o'i chyfoedi
Dan ymyl haul dyn mal hi.
Am fy nghannwyll y'm twyllwyd,
44 Morfudd, lliw goleuddydd, Llwyd.

34   *Doe*

Dyddgwaith dibech oedd echdoe,
Da fu Dduw â Dafydd ddoe.
Nid oedd unrhyw, deddf anrheg,
4 Y dydd echdoe â doe deg.
Drwg oedd fod, rhywnod rhynoeth,
Echdoe yn frawd i ddoe ddoeth.
O Fair wychdeg fawr echdoe,
8 A fydd rhyw ddydd â'r dydd doe?
O Dduw erfai ddiweirfoes,
A ddaw i mi ddoe i'm oes?
Rhoddi, yn drech nog echdoe,
12 Ydd wyf gan hawddfyd i ddoe.

    Doe y dialawdd, cawdd cuddnwyf,
Dafydd hen o newydd nwyf.
Gwedy fy nghlwyf, ydd wyf ddall,
16 Gwydn wyf fal gwden afall
A blyg yn hawdd, gawdd gyhwrdd,
Ac ni thyr yn ôl gyr gwrdd.
Mae ynof, gwangof gwyngen,
20 Enaid cath anwydog hen;
Briwer, curer corff llwydwydd,
Bo a fo arni, byw fydd.
Pedestr hwyr wyf, cawddnwyf call,
24 Ar hyd erw lle y rhed arall,
A meistrawl ar wawl wiwgamp
Er gwst lle y bo gorau'r gamp.

77

Gwell ymhell, gair gwiw llifnwyf,
28 Pwyll nog aur, pellennig wyf.
O Dduw, ai grym ym amwyll?
A wyddant hwy pwy yw Pwyll?
Trech llafur, nofiadur nwyf,
32 No direidi, dewr ydwyf.
Da fyddai Forfudd â'i dyn
O'r diwedd, hoen eiry dywyn.
Iawn y gwneuthum ei chanmawl;
36 On'd oedd iawn, f'enaid i ddiawl!
Nos da i'r ferch anerchglaer,
A dydd da am nad oedd daer.
Hi a orfuum haeach,
40 Aha! gwraig y Bwa Bach.

35 *Siom*

Cariad ar ddyn anwadal
A fwriais i heb fawr sâl.
Edifar oedd im garu
4 Anghywir ferch, fy nghur fu,
Fal y cerais ledneiswawr
Forfudd unne dydd, ni'm dawr.
Ni fynnai Forfudd, f'annwyl,
8 Ei charu hwy. Och o'r hwyl!

Treuliais dalm, trwy loes dylyn,
O gerdd dda wrth garu'r ddyn.
Treuliais wrth ofer glêr glân
12 Fodrwyau; gwae fi druan!
Traws eirwgaen wedd tros argae,
Treuliais a gefais o gae.
Treuliais, nid fal gŵr trylwyn,
16 Tlysau o'r mau er ei mwyn.
Treiglais, gweais yn gywir,
Defyrn gwin, Duw a farn gwir.
Treiglais hefyd, bywyd bas,
20 Defyrn meddgyrn gormoddgas.
Perais o iawngais angerdd

Prydu a chanu ei cherdd
I'r glêr hyd eithaf Ceri,
24   Eiry mân hoen, er ei mwyn hi.

Ymddiried ym a ddaroedd;
Er hyn oll, fy rhiain oedd,
Ni chefais, eithr nych ofal,
28   Nid amod ym, dym o dâl,
Eithr ei myned, gweithred gwall,
Deune'r eiry, dan ŵr arall,
I'w gwneuthur, nid llafur lles,
32   Yn feichiog, fy nyn faches.

Pa fodd bynnag, i'm coddi,
Y'i gwnaethpwyd, neur hudwyd hi,
Ai o gariad, i'm gadu,
36   Diras farn, ai o drais fu,
Yn gwcwallt salw y'm galwant,
Wb o'r nâd! am ne berw nant.
Rhai a rydd, rhyw arwyddion,
40   I'm llaw, gormodd braw i'm bron,
Llysgon, oedd well eu llosgi,
O gyll ir; ni bu o'm gwall i.
Eraill a rydd, deunydd dig,
44   Am y tâl ym het helyg.

Morfudd, ac nid o'm erfyn,
Heb awr serch a beris hyn;
Duw a farno o'r diwedd
48   Barn iawn rhof a gwawn ei gwedd.

36   *Cywydd y Gal*

Rho Duw gal, rhaid yw gwyliaw
Arnad â llygad a llaw
Am hyn o hawl, pawl pensyth,
4   Yn amgenach bellach byth;
Rhwyd adain cont, rhaid ydiw

Rhag cwyn rhoi ffrwyn yn dy ffriw
I'th atal fal na'th dditier
8   Eilwaith, clyw, anobaith clêr.

Casaf rholbren wyd gennyf,
Corn cod, na chyfod na chwyf;
Calennig gwragedd-da Cred,
12   Cylorffon ceuol arffed,
Ystum llindag, ceiliagwydd
Yn cysgu yn ei blu blwydd,
Paeledwlyb wddw paladflith,
16   Pen darn imp, paid â'th chwimp chwith;
Pyles gam, pawl ysgymun,
Piler bôn dau hanner bun,
Pen morlysywen den doll,
20   Pŵl argae fal pawl irgoll;
Hwy wyd na morddwyd mawrddyn,
Hirnos herwa, gannos gŷn;
Taradr fal paladr y post,
24   Benlledr a elwir bonllost;
Trosol wyd a bair traserch,
Clohigin clawr moeldin merch;
Chwibol yn dy siôl y sydd,
28   Chwibanogl gnuchio beunydd;
Y mae llygad i'th iaden
A wŷl pob gwreignith yn wen;
Pestel crwn, gwn ar gynnydd,
32   Purdan ar gont fechan fydd;
Tobren arffed merchedau,
Tafod cloch yw'r tyfiad clau;
Cibyn dwl, ceibiai dylwyth,
36   Croen dagell, ffroen dwygaill ffrwyth;
Llodraid wyd o anlladrwydd,
Lledr d'wddw, llun asgwrn gwddw gŵydd;
Hwyl druth oll, hwl drythyllwg,
40   Hoel drws a bair hawl a drwg.

Ystyr fod gwrit a thitmant,
Ostwng dy ben, planbren plant.
Ys anodd dy gysoni,

44 Ysgŵd oer, dioer gwae di!
    Aml yw cerydd i'th unben,
    Amlwg yw'r drwg drwy dy ben.

37   *Morfudd yn Hen*

    Rhoed Duw hoedl a rhad didlawd,
    Rhinllaes frân, i'r rhawnllaes frawd.
    A geblynt, ni haeddynt hedd,
4   Y brawd o gysgawd gosgedd
    Nêr a rifer o Rufain,
    Noeth droed, ŵr unwallt nyth drain.
    Rhwyd yw'r bais yn rhodio'r byd,
8   Rhyw drawsbren, rhad yr ysbryd.

        Periglor gerddor geirddoeth,
    Barcutan, da y cân, Duw coeth.
    Mawr yw braint siartr ei gartref,
12 Maharen o nen y nef.
    Huawdl o'i ben gymhennair,
    Hoedl o'i fin, hudol i Fair.
    Ef a ddywawd, wawd wydnbwyll,
16 Am liw'r dyn nid aml ar dwyll:

        'Cymer dy hun, ben cun cant,
    Crysan o'r combr a'r crisiant.
    Gwisg, na ddiosg wythnosgwaith,
20 Gwasgawd mwythus lyfngnawd maith.
    Dirdras fun, chwedl ail Derdri;
    Duach fydd, a dwyoch fi!'

        Foel-llwyd ddeheuwawd frawd-ddyn,
24 Felly'r brawd du am bryd dyn.
    Ni pheidiwn, pe byddwn Bab,
    Â Morfudd tra fûm oerfab.
    Weithion, cyhuddeidion cawdd,
28 Y Creawdr a'i hacraawdd,
    Hyd nad oes o iawnfoes iach
    Un lyweth las anloywach,

Brad arlwy, ar bryd erlyn;
32 Nid â fal aur da liw'r dyn.
Brenhines bro anhunedd,
Brad y gwŷr o bryd a gwedd,
Braisg oedd, un anun einioes,
36 Breuddwyd yw; ebrwydded oes!
Ysgubell ar briddell brag,
Ysgawen lwydwen ledwag.

Heno ni chaf, glaf glwyfaw,
40 Huno drem oni fwyf draw.
Hyrddaint serch y ferch yw ef,
Henlleidr unrhyw â hunllef.
Hudolaidd y'i hadeilwyd,
44 Hudoles ladrones lwyd.
Henllath mangnel Wyddeleg,
Hafod oer; hi a fu deg.

38 *Yr Adfail*

'Tydi, y bwth tinrhwth twn,
Yrhwng gweundir a gwyndwn,
Gwae a'th weles, dygesynt,
4 Yn gyfannedd gyfedd gynt,
Ac a'th wŷl heddiw'n friw frig
Dan do ais, dwndy ysig;
A hefyd ger dy hoywfur
8 Ef a fu ddydd, cerydd cur,
Ynod, ydd oedd ddiddanach
Nog yr wyd, y gronglwyd grach,
Pan welais, pefr gludais glod,
12 Yn dy gongl un deg yngod,
Forwyn, bonheddig fwyn fu,
Hoywdwf yn ymgyhydu,
A braich pob un, gofl fun fudd,
16 Yn gwlm amgylch ei gilydd;
Braich meinir, briwawch manod,
Goris clust goreuwas clod;
A'm braich innau, somau syml,

20   Dan glust asw dyn glwys disyml.
     Hawddfyd gan fasw i'th laswydd,
     A heddiw nid ydiw'r dydd.'

      'Ys mau gŵyn, geirswyn gwersyllt,
24   Am hynt a wnaeth y gwynt gwyllt.
     Ystorm o fynwes dwyrain
     A wnaeth gur hyd y mur main.
     Uchenaid gwynt, gerrynt gawdd,
28   Y deau a'm didoawdd.'

      'Ai'r gwynt a wnaeth helynt hwyr?
     Da y nithiodd dy do neithiwyr.
     Hagr y torres dy esyth;
32   Hudol enbyd yw'r byd byth.
     Dy gongl, mau ddeongl ddwyoch,
     Gwely ym oedd, nid gwâl moch.
     Doe'r oeddud mewn gradd addwyn
36   Yn glyd uwchben fy myd mwyn;
     Hawdd o ddadl, heddiw'dd ydwyd,
     Myn Pedr, heb na chledr na chlwyd.
     Amryw bwnc ymwnc amwyll,
40   Ai hwn yw'r bwth twn bath twyll?'

      'Aeth talm o waith y teulu,
     Dafydd, â chroes; da foes fu.'

GRUFFUDD GRYG

39   *I'r Lleuad*

     Lleuad Ebrill, lliw dybryd,
     Trist ei ffriw trosti a'i phryd,
     Nobl o wydryn wyneblas,
  4   Noeth loer, ar fryd dyn, neu'th las.
     Symudo lliw siomedig
     A wnei bob dydd, wyneb dig;
     Cochi cyn gwynt, hynt hyntiaw,
  8   Llwyd a glas cyn llidio glaw,

Cron drymlaw, crawen dremlwyd,
Curiaw'dd wyf, ai caru'dd wyd?
Clwt awyr, clod yt dewi.
12 Ai claf wyd, fursen? Clyw fi!
Pwy o'th genedl, rwystrchwedl restr,
A gollaist, fflwring gallestr?
Nid oes dydd, un dremydd drych,
16 O ruddiau iâ, na roddych
Awch nidr o ucheneidiau,
Ai mil ai teirmil o'r tau.
Pob uchenaid, rynnaid ran,
20 A dorrai graig yn deirran;
A pheunoeth, lwytboeth letbai,
Olwyn oer, wylo a wnâi.
Planed rhuthr angherdded rhus,
24 Plater, lwfer wylofus,
Pa ryw wylaw yn awyr
Yr wyd, gwrrach meinllwyd gŵyr?

Torraist â Sain Siâm amod,
28 Tud y glaw, nid da dy glod.
Teflaist yng ngwar tir Harri,
Ynglŷn fyth, fy ngelyn, fi.
Poni bai nerth, iawnwerth ynn,
32 Siacob, fi a'm gwas Siecyn,
Ni ddeuym, cyd nofym nef,
Drychaf nidr, drachefn adref.
Prudd yw'r unben a'th gennyw,
36 Prid ym dy lid, ym Duw lyw.
Troaist fi ymwng truan,
Oerffwrdd lif, oddiar ffordd lân,
Tröell y llanw a'r treiau,
40 Traean henfaen breuan brau,
Tywyll gwfert twyll gyfoeth,
Tân Mihangel o bêl boeth,
Lledfen o'r awyr llidferw,
44 Llydan gwmpas chwarfan chwerw,
Llugorn fuost yn llwygaw,
Llygad glas, maen cawad glaw,
Caerdroea wynt, bellynt bill,
48 Carn wybren, corun Ebrill,

Buarth baban yr annwyd,
Bwcled plwm gwanwyn llwm llwyd,
Desgl o dymestl mewn dwysglwyf,
52 Digwyddo'dd wyd, digio'dd wyf;
Dysgaist am fy mhen dwysgaw,
Disgyn i lawr, glawr y glaw,
A gad, heb arnad orne,
56 Oerllith loer, arall i'th le.

Diennill Ebrill wybroer,
Amod yw imi a dioer,
Ni luniwyd o elyniaeth
60 I was diwedd gwanwyn waeth.
Arwydd yr anhylwydd hynt,
Irwarth i'r gwanwyn oerwynt.
Deuruddloyw fis dewisaf,
64 Dyred â'r haul, daradr haf,
Dwg unllong i deg iawnllwybr
I bill yr Ebrill oer wybr;
A Mai hudGai ehedgoed,
68 Er mwyn fy ngherdd yt ermoed,
Dwg fi uniawnffordd deg, fis,
Dwg elw Sain Siâm dy Galis;
Llonydd heb Ebrill anardd,
72 Lleuad Fai, llywia dy fardd.

40 # I'r Byd

Llyma fyd ergryd oergrai,
Llawn a thrist yw lluniaeth rhai;
Ni bu ryw fyd er hyd haf,
4 Y sydd er yn oes Addaf.
Byd rhyfedd yw bod Rhufain,
Ben gorsedd, heb senedd sain;
Byd llawn yw o saith bryd brwysg,
8 Baich dyfrig bechod afrwysg,
Byd fforddrych, croensych, crinsofl,
Balchder a llid, gofid gofl,
Byd digoeth annoeth wyneb,
12 Cybydd nid adnebydd neb,

Byd o gyngyd gogangwbl,
Byd trwm hin, byd trablin trwbl,
Byd astrus bywyd ystryw,
16   Byd chwannog i geiniog yw;
Byd teg yw betai gywir,
Byd llawn o wŷd, llyna wir;
A'r byd a ddigwydd ar ben,
20   Gan fagu mawr genfigen;
Byd ceiniog rhodiog rhydaer,
Byd ceiniogog torrog taer,
Byd ymofyn dyfyn dewfwstr,
24   Byd difri, byd hasti hwstr;
Blin yw'r byd, blaen eiriau bas,
Blaengar, cyhuddgar, haeddgas,
Byd ceistreth, achreth ddychryn,
28   Caeth arglwyddïaeth i ddyn.

Trefi a wŷl byd rhyfedd,
Troi cyfraith a'i gwaith a'i gwedd.
Trythyll yw cymell trethoedd,
32   Dreigiau nef, darogan oedd
Y dôi'r byd swyddfryd y sydd
O flaen y byd aflonydd.
Deallon' o'r ganon gain
36   Brudiau holl Ynys Brydain.
Tes a ddaw yn ôl glaw glud,
A sum yr haul a symud;
Arwyddion aml a rodded,
40   Y rhew du cras ar hyd Cred,
A rhianedd llawnwedd llun
A chyrn yn drabalch arnun.
Ar bwyll yr eir â'r bellen,
44   A'r byd a ddigwydd ar ben.

41   *Marwnad Rhys ap Tudur*

Tebyg yw Gwynedd, meddir,
Trwy naws gwyllt, truan os gwir,
I grwth a chloch, dwyoch dyn,

4   O thâl bunnoedd, a thelyn;
      Y crwth lle bu'r mesur cry',
      Carodd osod cerdd Iesu;
      Garw a fydd, ai dydd ai dau,
8   Ei dyniad heb ei dannau;
      Y delyn o'r aur deulu,
      Dydd a nos, fal eos fu;
      Heb ddwylaw, gŵyr addaw gwedd,
12   Heb fiwsig cerdd, heb fysedd,
      Arnoddwaith ar ei naddwydd,
      Anniddan yn f'amcan fydd.
      Pob cloch blygain, damwain dig,
16   O glos y gwŷr eglwysig,
      O thyr heb nidr ei thidraff
      A'i thafawd, proffwydwawd praff,
      Dyn ni châr, ariar oror,
20   Ei chân rhwng lletring a chôr.

      Felly, mawl a ddyly medd,
      Am y gwin y mae Gwynedd
      Heb gun Môn, heb gân mynych,
24   Heb glaim eglwys Dduw, heb glych,
      Heb law Dduw Naf, heb dafawd,
      Heb gerdd dant, heb ffyniant ffawd,
      Heb wledd, heb gyfanheddrwydd,
28   Heb Rys, iôr hael, heb ras rhwydd,
      Heb oleubryd, heb loywbrim,
      Heb ddawn, heb urddas, heb ddim,
      Heb urddas mwy, mordwy mawr,
32   O Risiart, eryr aesawr,
      Bryd naid, biler euraid bâr,
      Frenin, gwnaeth Eingl yn fraenar.

      Pand oedd eryrawl, mawl Môn,
36   Ei loywgamp a'i olygon?
      Peris ei gof ym ofal,
      Pôr chweg, pand oedd deg ei dâl?
      Pand oedd ddoeth, wingoeth iawngainc,
40   Ei ffriw gar bron brenin Ffrainc?
      Pand oedd, pan fai gyhoedd gŵyl,
      Serchog ei ddewis orchwyl?

Pand oedd ddigrif a difalch,
44 Pwynt Elffin, rhoes win, Rhys walch?
Pand gwag, modd dinag yw'r mau,
Gwynedd am eryr gwinau,
Am Rys, fab diarab darf,
48 Did aur, ochr Dudur, awcharf,
Ceidwad gwiw fad, a gwae fi,
Curwr aer, ceirw Eryri?

Nid oes yng Ngwynedd, gwedd gwŷd,
52 Tôn gwŷr, ond Duw a'n gweryd,
Nerth na chadernid i ni,
Na gwleddoedd nac arglwyddi,
Na chyngyd iawnwych angerdd,
56 Na chân ymlyniad, na cherdd,
Na cheisio glân rianedd,
Na charu merch, ni cheir medd,
Nac oed â gwen i gadw gwŷdd,
60 Nac adar ym medw goedydd,
Na bron yn llawen, na brig,
Na diddan neb ond eiddig,
Na rhwydd glod, na rhuddo glain,
64 Na dichell onid ochain,
Na chanu cyrn, dëyrn daid,
Na chynydd, ond uchenaid.

Gwynedd, fro annedd freiniawl,
68 Gwrando hyn a myn fy mawl:
Pand ydwyd weddw, dienw dyn?
O Rys pand ydoedd resyn?
Llyma fy nghred, winged wedd,
72 Wythliw enw, i'th law Wynedd:
Gan lwyrlid, gwn alarloes,
Nych a thwng, na chei i'th oes,
Ar geinllun aer ugeinllef,
76 Eurfawl iôr, ŵr afal ef.

Yr ywen i oreuwas
Ger mur Ystrad Fflur a'i phlas,
Da Duw wrthyd, gwynfyd gwŷdd,
4   Dy dyfu yn dŷ Dafydd.
Dafydd llwyd a'th broffwydawdd
Er cyn dy dyfu rhag cawdd;
Dafydd, gwedy dy dyfu,
8   A'th wnaeth, o'i fabolaeth fu,
Dy urddo yn dŷ irddail,
Tŷ a phob llwyn yn dwyn dail;
Castell cudd meirw rhag eirwynt
12   Cystal â'r pren gwial gynt.

     Mae danad ym mudaniaeth,
Bedd rwym, nid o'm bodd yr aeth,
Bydaf angylion bydoedd,
16   Bu ddewr ef, mewn bedd yr oedd,
A synnwyr cerdd, naws unyd,
A gwae Ddyddgu pan fu fud.

     Gwnaeth ei theuluwas lasryw
20   I'w hael dyfu tra fu fyw;
Gwna dithau, geinciau dethol,
Gywirder i nêr yn ôl.
Addfwyn warchadw ei wyddfa,
24   Drybedd yw fodrabaidd dda.
Na ddos gam, na ddysg omedd,
Ywen, odduwch ben y bedd.

     Geifre ni'th lwgr, nac afrad,
28   Dy dwf yng ngwedre dy dad.
Ni'th lysg tân, anian annerch,
Ni'th dyr saer, ni'th dyfriw serch,
Ni'th bilia crydd, mewn dydd dyn,

32 Dy dudded yn dy dyddyn;
    Ni'th dyr hefyd, rhag bryd braw,
    Â bwyall, rhag eu beiaw,
    Ir dy faich, i ar dy fôn,
36 Taeog na chynuteion.
    Dail yw'r to, da le yw'r tau,
    Diwartho Duw dy wyrthiau.

MADOG BENFRAS

Yr Halaenwr

43

    Cefais o hoywdrais hydraul
    Cofl hallt er mwyn cyfliw haul,
    Cyfnewid lud, drud drafael,
4   Cyflwr yr halaenwr hael.
    Cyfrwch wrth y dewrfwch dig,
    Cyfaddef hyd cof Eiddig.
    Cwynaw wrth Dduw, amcanu
8   Cyflwr y disgwyliwr du,
    Cynnwrf mab, rhag f'adnabod
    Cynnal nawair neddair nod.
    Cafas y cleiriach achul
12 Fy nghyfrwy parch a'm march mul.
    Cof synnwyr, cefais innau,
    Cofl flindrefn i'r meingefn mau,
    Y cawell halen cywair
16 I'w ddwyn o'r hengrwyn ar hair,
    Ac erwydd ffynidwydd ffyn,
    Ac arwest o ledr gorwyn,
    A chod a brithflawd i'w chau,
20 A chap hen, a chwpanau,
    A chlustog fasw o laswellt
    Rhwng y cefn oer, dioer, a'r dellt.

    Cael ffordd, dygn olygordd dig,
24 A dueddai dŷ Eiddig.
    Dyfod, anrhyfeddod fu,

90

O dom ardd i dŷ mawrddu;
Sefyll a'r cawell syfudr
28 Dan fonau 'neufraich, baich budr;
Crio halaen, gaen gwnsallt,
Croyw hoffi cryw heli hallt.
Cyfodi rhifedi rhaith
32 Yr iangwyr anwreangwaith.
Cynhafal fy nyfalu,
Cyfarth lef cŵn buarth lu.

Rhwng cerdd yr iangwyr, rhwng cŵn,
36 Minnau'n y berw o mynnwn,
Y deffröes dwywes deg,
Hael o'i gwin, hoywliw gwaneg:

'Diwyd Fair! Dywaid forwyn,
40 Daed mai da wyd a mwyn,
Rhy syml, rhyfel bugelydd,
Y sôn o'r neuadd y sydd.'

'Y rhyw, i mewn rhwym annoeth,
44 Ddyn fel halaenwr a ddoeth,
A'r tylwyth, brwydr ddiffrwyth braw,
Dwys dôn, yn ei destuniaw.
Yntau, diamau ymwad,
48 Un destun ganthun' nyw gad.'

'Pa ryw ansawdd, pair rwnsag,
Pa sôn wrth y gweision gwag?'

'Dyn god yn ymddinodi,
52 Debyg fodd, debygaf i.
Ni bu erioed, gwn hoed gŵr,
Y rhyw lun ar halaenwr,
Na rhyw drwsiad rhag brad braw,
56 Swydd ddirnad, y sydd arnaw.'

'Diarnabod dioer nebun,
Diddigwyl, fy hwyl fy hun,
Gofyn a ddaw â'i gawell
60 Y gŵr dros hiniog y gell.'

'Daw,' eb y ferch geinserch gof,
'Duw a ŵyr y daw erof.'

Deuthum â'r cawell trum cau
64 Ar fy nghefn, oer fy nghofau,
Hyd i mewn, hoed amynedd,
Hundy gwen, hoendeg o wedd.
Cyfeirio'r ferch ar erchwyn,
68 Cyfarch gwell i'r ddiell ddyn.

'Disgyn y twyll ddelltyn tau,
Doethaf, henffych well dithau!'

Hael y cawn gan hoywliw caen
72 Hwyl, ac nid gwerthu halaen;
Y cusan, ddyn eirian ddydd,
Amau gael, am ei gilydd.
Hoedl iddi huodl addurn,
76 Henw serch, y fireinferch furn.

44 *Marwnad Dafydd ap Gwilym*

Da ar feirdd, dewr o ŵr fu,
Y dewisodd Duw Iesu.
Poen bu dwys, pen bedysawd,
4 Pan aeth â gwawr pennaeth gwawd,
Pensaer y wengaer wingerdd,
Pennaeth penceirddiaeth, paun cerdd,
Porthloedd gwawd, parthlwydd gwiwder,
8 Parlmant clod a moliant clêr,
Pensarff aer, pensaer y ffawd,
Penselwayw, paun inseilwawd,
Pergyn ei dudded purgoch,
12 Perllan cerdd, pâr llinon coch,
Pentref cerdd, pen trofa cad,
Pantri cur, puntur cariad,
Penáig y glod penigamp,
16 Pennod a chompod a champ,
Penial cerdd dyfal dafawd,
Pen ar y gwŷr, pannwr gwawd.

Aml cwyn am ei ddwyn i'w ddydd,
20 Amddifad cerdd am Ddafydd.
Ieuenctid, maddeuid Mair
A Duw Iesu dewisair,
A maswedd, trawsedd traserch
24 I Ddafydd, esilltydd serch,
Fab Gwilym, febyd gwaywlyw,
Gwanas clod; a gwae nis clyw!
Gwawr gryd oedd a gwayw ar grwydr,
28 Gwawd da ffyddfrawd diffoddfrwydr.
Gweadur cerdd, gwiw ydoedd,
Gwedy ef, pob gwawd a oedd,
Gwedy fy mrawd hy gwaywdwn,
32 Gwiw fu ef, gwae fi a wn
O hirnych, gwych ni'm gweheirdd,
O hiraeth am bennaeth beirdd.
Maer y serch am aur a sôn,
36 Mawr annudd, clod morynion,
Mawlair cerdd, milwr a'i cant,
Melin y glod a'r moliant;
Mawr ar fy ngrudd, llowrudd llif,
40 Mesur deigr, masw ŵr digrif,
Mal un arial Aneirin,
Mold gwawd hael, am ild y gwin.

Ys gwag yr haf am Ddafydd,
44 Ysgwîr gwawd, ysgwier gwŷdd.
Da athro beirdd, dieithrach
No dyn a fu, a Duw'n fach.
Och na bai hir, goetir ged,
48 Oes Dafydd, eos Dyfed.
Rhoes broses fal Taliesin,
Rhol o wawd, rhy hael o win.
Rhwyf o hoed, ni ryfu hen,
52 Rhaid yw, yn ôl rhwyd awen,
Adardy awdl, fardd gwawdlwydd,
Ado'r gerdd fal yn dir gŵydd;
O ganmol serch ugeinmerch
56 Yn dir sied y deryw serch.

Digrif oedd, deigr a foddes
Deutu fy ngrudd; *neu*'m lludd lles.
Dioer, serchocaf fu Dafydd,
60   Dyn o'r gwŷr dan oror gwŷdd.
Dadlwawd awdl, didlawd ydoedd,
Dioer o baun, dihaereb oedd.
Dwyn naf nod Duw nef a wnaeth,
64   Da lawrodd cerdd daelwriaeth,
Dafydd, degan rhianedd,
Dyfna' clod, daufiniog gledd.

Dafydd, ei ddydd a ddeddyw,
68   Doctor clod, dicter a'i clyw,
Da hebog doeth, coeth o'm cof,
Deheubarth, nid â hebof.

GRUFFUDD AB ADDA

45   *I'r Fedwen*

Y fedwen las anfadwallt,
Hir yr wyd ar herw o'r allt.
Llath fygr coed lle y'th fagwyd,
4   Llen ir, traetures llwyn wyd.
Llety i mi a'm llatai
Oedd dy glos, ym mernos Mai.
Aml iawn gynt, mae'n gerynt gas,
8   Cathlau ar dy frig coethlas;
Pob caniad, ffurfeiddiad ffyrdd,
A glywais i'th dŷ gloyw-wyrdd;
Pob llysau rhwng cangau cyll
12   A dyfodd dan dy defyll,
Pan oedd wrth gyngor morwyn
D'annedd erllynedd i'r llwyn.
Bellach serch nis ymbwylly,
16   Byddar y trig dy frig fry.
I'th gorffolaeth yr aethost
O'r parc ir, er peri cost,

O'r bryn tir, a'r braint arwydd
20   I dref o gyfnewid rwydd.
      Cyd bo da dy wyddfa dawn,
      Tref Idloes, tyrfa oedlawn,
      Nid da fy medwen genny'
24   Na'th lathlud, na'th dud, na'th dŷ;
      Nid da yna it, enir,
      Dy le yn arwain dail ir.
      Pob dinas garddblas gwyrddblu,
28   Pand anghymen, fedwen, fu,
      Peri draw dy wywaw di,
      Pawl oer gar llaw'r pilori?
      Yn oes dail onis delech
32   Ynghanol croes heol sech,
      Cyd bych cyfannedd, meddant,
      Dy le, bren, gwell nen y nant;
      Ni chwsg aderyn, ni chân
36   Meinlef ar dy frig mwynlan,
      Gan amled fydd, chwaer gwŷdd gwyll,
      Trwst y bobl tros dy bebyll.
      Gwyllt glwyf, ac ni thyf gwellt glas
40   Danat gan sathr y dinas,
      Mwy nag ar lwybr ewybrwynt
      Adda a'r wraig gynta' gynt.
      I borthmonaeth y'th wnaethpwyd,
44   Mal ar sud maelieres wyd:
      Pawb o'r ffair, eurair oroen,
      A ddengys â bys dy boen,
      I'th unbais lwyd a'th henban,
48   Ymysg marsiandïaeth mân.
      Ni chudd wrth aros dy chwaer
      Rhedyn dy gorbedw rhydaer:
      Ni chair rhin na chyfrinach,
52   Na chysgod, is bargod bach:
      Ni chely, drem uchel draidd,
      Y briallu ebrillaidd:
      Ni ddaw cof it ymofyn
56   Awdur glwys, am adar glyn.
      Duw gwae ni, gul oerni gwlad,
      Mwthl orn o gael methl arnad;
      Dygiad Tegwedd fonheddig

60 Ydwyd fry, da yw dy frig.
Dewis o'r ddau, ceinciau caeth,
Disyml yw dy fwrdeisiaeth,
Ai cyrchu'r ffrith gadr adref,
64 Ai crinaw draw yn y dref.

HYWEL AB EINION LYGLIW

46 *Myfanwy Fechan*

Neud wyf ddihynwyf, hoen Creirwy — hoywdeg
A'm hudodd fal Garwy
O fan o'r byd, rhwym gwyd rhwy,
4 O fynor gaer Fyfanwy.

Trymaf yw cariad tramwy, — hoen eurnef,
Hwn arnaf dy facwy;
Dy far, feinwar Fyfanwy,
8 Ar a'th gâr ni bu fâr fwy.

Gofyn ni allaf, namyn gofwy — cur,
Dug mewn cariad fwyfwy,
Fynawg eirian Fyfanwy,
12 Fuchudd ael, fun hael, fyw'n hwy.

Eurais wawd, ddidlawd ddadl, rhwy — eglurllwybr,
I glaerllun Myfanwy;
Euraf i haul amaerwy
16 Er ei mwyn o eiriau mwy.

Neud hawdd, ardeml cawdd, ardwy — adneuboen,
Adnabod Myfanwy;
Hoen a'th gâr, afar ofwy,
20 Hoed brwyn, ei ry ddwyn ydd wy'.

Gorwydd, cyrch ebrwydd, ceirch ebran — addas,
Dwg dristwas, dig Drystan,
Llwrw buost, farch llary buan,
24 Lle arlloes fre, eurllys Frân.

Gwn beunydd, herwydd herw, amcan — dilyd,
　　Delw berw Caswennan,
　　Golwg — deddf amlwg — diddan,
28　　Gwelw freichfras, brenhinblas Brân.

Gyrrais, a llidiais, farch bronllydan — hoyw
　　Er hoen blodau sirian,
　　Gyrrawdd ofal i'r Alban,
32　　Garhir braisg, ucheldir Brân.

Lluniais wawd, ddefawd ddifan, — traul ofer,
　　Nid trwy lafur bychan,
　　Lliw eiry cynnar pen Aran,
36　　Lloer bryd, lwys fryd o lys Frân.

Mireinwawr Drefawr, drofa brad — i'm dwyn,
　　Gwarandaw fy nghwyn, frwyn freuddwydiad,
　　Mau glwyf a mawrnwyf, murniad — hun oheb,
40　　Gwrtheb, teg ateb, tuag atad:
　　Mi dy fardd digardd, dygn gystuddiad — Rhun,
　　Gyfun laes wanllun wrth lys winllad;
　　Mynnu'dd wyf draethu heb druthiad — na gwŷd
44　　Wrthyd, haul gymryd, gamre wastad,
　　Mynud hoyw, fun loyw, oleuad — gwledydd,
　　Glodrydd gain gynnydd, nid gan gennad,
　　Maint anhun, haelfun hwylfad, — em cyfoeth,
48　　Ddoeth fain oleugoeth, fy nau lygad.
　　Medron hoen goroen, wyf ddigarad — was
　　Heb ras, mau drachas o'm edrychiad.
　　Magwyr murwydr, hydr hydreiddiad — lwysle,
52　　Mygrwedd haul fore eurne arnad.
　　Megais, llwyr gludais llawer gwlad — yn ddwys,
　　Dy glod, lwys cynnwys pob atceiniad.
　　Mal hy oedd ymy am ŵyl gariad — graen
56　　Myfanwy, hoen blaen eiry gaen gawad,
　　Meddwl, serchawl hawl, liw ton hwyliad — welw,
　　Arddelw dy gynnelw heb dy geniad.
　　Modd trist y'm gwnaeth Crist, croesteg nerthiad — llwyr,
60　　Wanŵyr o'i synnwyr drwy lud syniad,
　　Murn boeni â mi o'm anynad — hawl,
　　Serchawl eneidiawl, un fynediad.

Mul y bwriais trais tros ddirnad — Duw gwyn,
64   Tremyn ar ddillyn porffor ddillad
Megis ti, ferch rhi, rhoddiad — gymyrredd,
     Mwyfwy anrhydedd, wledd wledychiad.
Marw na byw, nwyf glyw, gloyw luniad — cyngaws
68   Hoednaws, nid anaws ym amdanad.
Meddwl ofeiliaint braint, braidd o'm gad — llesmair
     I gael yr eilgair wrth offeiriad.
Masw imi brofi, brif draethiad — a wnawn,
72   Lle ni'm rhoddi iawn, ne gwawn na gwad;
Mesur cawdd, anawdd i ynad — eglur
     Adrodd fy nolur, ddwysgur ddysgiad.
Maith glwyf nid ethwyf, doeth bwyllrad — riain,
76   Maith dy arwyrain cain o'm caniad,
Modd nad gwiw fy lliw, lleuad — rhianedd,
     Na'm gwedd, hud garedd, gan hoed girad.
Meinir, neu'th berthir, gwn borthiad — poenau,
80   Yn nau hoen blodau, blawd ysbaddad;
Medraist, aur delaist er adeilad — gwawd,
     Ym nychdawd ddifrawd, ddyfrys golliad;
Meddylia o'th ra a'th rad i'th brydydd
84   Talu y cerydd, Duw Dofydd Dad,
Meddiannus Ddeus, ddyad — ffyddlonder,
     Nêr dreisgwyn bryder, dros gain brydiad.

Prydydd wyf tros glwyf, trais glud — hoen gwaneg,
88   Iaith laesdeg, i'th lwysdud,
     Fynawg riain, fain funud,
     Fun arlludd hun, eirllwydd hud.

Ym neud glud dy hud, hydr riain — wanlleddf
92   O'r wenllys ger Din-brain;
     Aml yw gwawd, gynefawd gain,
     O'm araith i'th dwf mirain.

IORWERTH AB Y CYRIOG

47

I Ddiolch am Gae

Ierwerth druan ddioerwas,
Erioed ni bu drwg ei ras.
Arwain aur a main y mae
4   Ar ungair mewn ariangae,
Ar ei ddwyfron arddyfrys,
Erddaw y bydd croesaw crys.
Urddas i'r ferch ddiweirddoeth
8   A roddai'r cae rhuddaur coeth!
Erddi nid oes ym ordderch,
Oer yw, na syrth arni serch.
Ar eiriau mawl yr euraf
12   Arwyrain hon, orhoen haf.
Eiry nawnyf oerhin Ionawr,
Eurwn ei gwawd, orhoen gwawr.
Euron hil arian hoywliw,
16   Eurwn ei gwawd ar enw gwiw.
Y rhiain ddiorhëwg,
A'r ael ddu (urael a ddwg)
A roes ym (llyna ras hoyw!)
20   Yr em oleulem liwloyw.
Arwydd serchog a oryw,
Arwystl serch erestlws yw.
Aerwy gwydr yw ar gadach,
24   Euryn bychanigyn bach.
Oerfel ar a ddêl o ddyn
I eiriol im roi euryn!
Eurwr wyf aur Arafia,
28   Er ofn neb, ni rof fy na.
Oedd afraid peth i'r ddwyfron
A dynnai haint i dan hon.
Balchach wyf gilio'r bolchwydd
32   O'r cylla rhwth cawell rhwydd.
Odid iddo ruo rhawg
O wyrthiau main mawrweirthiawg.
Gwyrthiau a rôn', gwerth aur ynt,
36   Ac odidog od ydynt.

Mae maen yma i'm mynwes,
Anaml liw, a wnâi im les.
Meddyg a wnâi modd y gwnaeth
40   Myddfai, o châi ddyn meddfaeth.
Iach yw'r galon hon yn hawdd,
Hi â'i chae a'i hiachaawdd.
Gorau fu im, neur gerais,
44   Gorau fu ef ar gorf ais.
Ni ohiriai, lle bai ben,
Gyhyrwayw gan gae hirwen
Mwy nog y trig, mynawg traul,
48   Rhew neu eiry ar hin araul.

IOLO GOCH

48
I Syr Hywel y Fwyall

A welai neb a welaf
Yn y nos — pand iawn a wnaf? —
Pan fwyf, mwyaf poen a fu,
4   Yn huno, anian henu?
Cynta' dim a wela'n wir,
Caer fawrdeg acw ar fordir,
A chastell gwych gorchestawl,
8   A gwŷr ar fyrddau, a gwawl,
A glasfor wrth fur glwysfaen,
A geirw am groth twr gwrm graen,
A cherdd chwibenygl a chod
12   Gorhoenus, a gwŷr hynod
Yn chwarae dawns a charawl,
Yn cymryd mynwyd a mawl;
Rhianedd, nid rhai anoyw,
16   Yn gwau y sidan glân gloyw;
Gwŷr beilch yn chwarae, gaer barth,
Tawlbwrdd a secr uwch talbarth;
A gŵr gwynllwyd, Twrch Trwyd trin,
20   Nawswyllt yn rhoi farneiswin
Mewn gorflwch aur goreuryn

O'i law yn fy llaw fellÿn;
Ac ystondardd hardd hirddu
24 Yn nhâl twˆr, da fîlwr fu,
A thri blodeuyn gwyn gwiw
O'r unllun, dail arianlliw.

Eres nad oes henuriad
28 Ar lawr Gwynedd, wleddfawr wlad,
O gwbl a'r a allo gwybod
Petwn lle mynnwn fy mod.
'Oes,' heb yr un, 'syberw wyd,
32 Breuddwydio'n brudd ydd ydwyd.
Y wal deg a weli di,
Da dyddyn o doid iddi,
A'r gaer eglur ar greiglofft
36 A'r garreg rudd ar gwr grofft,
Hon yw Cruciaith a'i gwaith gwiw,
Hen adail honno ydiw;
A'r gwˆr llwyd cadr paladrddellt
40 Yw Syr Hywel, mangnel mellt,
A'i wraig, Syr, wregys euraid,
Hywel, iôn rhyfel yn rhaid,
A'i llawforynion, ton teg,
44 Ydd oeddynt hwy bob ddeuddeg
Yn gwau sidan glân gloywliw
Wrth haul belydr drwy'r gwydr gwiw.
Tau olwg, ti a welud
48 Ystondardd — ys hardd o sud;
Pensel Syr Hywel yw hwn;
Myn Beuno, mae'n ei benwn
Tri fflwˆr-dy-lis, oris erw,
52 Yn y sabl, nid ansyberw.'

Anian mab Gruffudd, rudd rôn,
Ymlaen am ei elynion,
Yn minio gwayw mewn eu gwaed
56 Anniweirdrefn, iôn eurdraed,
Ysgythrwr cad, aets goethrudd,
Esgud i'r aer, ysgwyd rudd,
Ysgithredd baedd disgethrin,
60 Asgwrn hen yn angen in.

101

Pan rodded, trawsged rhwysgainc,
Y ffrwyn ymhen brenin Ffrainc
Barbwr fu fal mab Erbin
64 Â gwayw a chledd, tromwedd trin:
Eillio â'i law a'i allu
Bennau a barfau y bu,
A gollwng, gynta' gallai,
68 Gwaed tros y traed — trist i rai.

Annwyl fydd gan ŵyr Leinort,
Aml ei feirdd, a mawl i'w fort.
Gwarden yw, garw deunawosgl,
72 A maer ar y drawsgaer drosgl;
Cadr gwrser yn cadw'r garsiwn,
Cadw'r tir yn hir a wna hwn;
Cadw'r bobl mewn cadair bybyr,
76 Cadw'r castell, gwell yw na gwŷr,
Cadw dwy lins, ceidwad loensiamp,
Cadw'r ddwywlad, cadw'r gad, cadw'r gamp,
Cadw'r mordarw cyda'r mordir,
80 Cadw'r mordrai, cadw'r tai, cadw'r tir,
Cadw'r gwledydd oll, cadw'r gloywdwr,
A chadw'r gaer — iechyd i'r gŵr!

49 *Marwnad Tudur Fychan*

Clywais doe i'm clust deau
Canu corn cyfeiliorn cau:
Wi o Dduw, a wyf ddiorn?
4 Pa beth yw y gyfryw gorn?
Galargyrn mechdëyrn Môn,
Gogleisiwyd beirdd gwagleision;
Pa dwrw yw hwn, gwn gannoch,
8 Pa ymffust i'm clust fal cloch?
Marw gychwedl pencenedl coeth,
Tudur arf awchddur wychddoeth —
· Ni furniaf ddim o'i farwnad —
12 Fychan, farchog midlan mad;

102

Chwerw iawn yw gennyf, chwaer orn,
Gytgerdd rhwng cloch ac utgorn;
Pa weiddi — pwy a wyddiad? —
16 Yw hwn a glywwn i'n gwlad?
Ubain a llefain rhag llid
Am y gŵr mwya' a gerid,
Tudur, wasgarwr tewdorf,
20 Tad helmog, lurigog lorf,
Colofn pwyll, nis celwn pwy,
Calon doethion Dindaethwy.
Llygrwyd Môn, myn llaw Egryn,
24 Llygrwyd oll lle gorau dyn,
Llygrwyd Cymru gwedy gwart,
Llithriced hoedl llwyth Ricart!
Dyrnod pen hyd ymennydd
28 Ar dlodion gwlad Fôn a fydd
Dwyn llew Brynbyrddau dan llaw,
Dadwreiddiwyd ei dŷ drwyddaw;
Dygn ymchwel dwyn Hywel hardd,
32 Ys gwaeth dwyn brawdfaeth brudfardd;
Duw nef, brwydr gyfaddef brudd,
Dwyn glangorff digalongudd,
Ŵyr Ririd lwyd, euraid lwyth,
36 Flaidd, difileindraidd flaendrwyth;
Llywiodd Wynedd, llaw ddinag,
Llas pen Môn wen, y mae'n wag.
Beth o daw heibiaw hebom
40 I'r Traeth Coch lynges droch drom,
Pwy a ludd gwerin, pŵl ŷm,
Llychlyn a'u bwyaill awchlym?
Pwy a gawn? Piau Gwynedd?
44 Pwy a ddyrchaif glaif neu gledd?
Pwy nid ŵyl, penyd alar,
Pwy mwy uwch Conwy a'ch câr?
Gwedy marw y rhygarw rhugl,
48 Ffyniant hil naf Brynffanugl,
Ffelaig, ysgithrddraig uthrddrud,
A phen Môn rhag ffo na mud;
Aesawr gwlad fawr, golud fu,
52 Yswain brwydr sy'n ei brydu;
Dillyn Môn, frehyrion fro,

Dalltai bwyll dellt ebillio;
Gwyrennig câr pwyllig pell,
56   Cartre'r cost, carw Tre'rcastell.

Gwae'r Deau, rhaid maddau medd,
Gweddw iawn yw, gwae ddwy Wynedd,
Gwae'r ieirch, mewn llenneirch mae'n llai,
60   Gwae'r ceirw ddwyn gŵr a'u carai,
Gwae finnau heb gyfannedd
Gweled bod mewn gwaelod bedd
Anhudded oer iawn heddiw
64   O ro a phridd ar ei ffriw;
Dihir ei fod yn Hirerw
Ynghudd ei ddeurudd dan dderw;
Nid oedd ef dra chynefin
68   Â'r rhyw wely gwedy gwin;
Pren a daearen dew arw
A wisgwyd am frowysgarw;
Gnodach iddo wisgo'n waisg
72   Yn ymwanfrwydr, iôn mwynfraisg,
Helm gribawg ruddfoawg fyth,
A habrsiwn, walch ewybrsyth,
A llurig rwymedig radd
76   Dromlaes i fedru ymladd,
Aesawr oedd fawr iddo'i faich,
Yswain wayw lithfrain lwythfraich.

Ni chollai wan, gwinllan gwŷr,
80   Tref ei dad tra fu Dudur;
Ni thitid câr amharawd,
Odid od wtlëid tlawd.
Na ynganer yng Ngwynedd,
84   Na ddalier ych dan wych wedd,
Na sonier am a dderyw,
Na lafurier, ofer yw,
Na chwardder am wych heirddion,
88   Na hëer mwy yn nhir Môn.

Myned yr wyf dir Môn draw,
Mynych im ei ddymunaw,
I ymwybod â meibion
4 Tudur, ben ymwanwyr Môn:
Gronwy, Rhys, ynys hynaif,
Ednyfed, Gwilym, lym laif;
Rhys, Ednyfed, roddged rwy,
8 Gwaywlym graen, Gwilym, Gronwy;
Ednyfed, Gronwy, rhwy Rhun,
Rhys, Gwilym, un rhwysg Alun;
Gwilym, Gronwy, ein gwaladr,
12 Ednyfed, rhoes ged, Rhys gadr;
Pedwar Nudd — Pedr i'w noddi,
Poed ar awr dda — mawr i mi,
Pedwarmaib — pwy a'u dirmyg? —
16 Plant ni ad arnaf ddim plyg,
Pedwar eglur, pedroglion,
Angelystor ger môr Môn,
Eithefigion, iaith fyged,
20 Gwynedd, pedwar cydwedd ced;
Cenawon Tudur llon Llwyd,
Cynheiliaid deucan haelwyd,
Cewri'r gwin — hawdd caru'r gweilch —
24 Ceirw addurn, carueiddweilch,
Cangau llyrf, cangellorion,
Colofnau ymylau Môn,
Gwehelyth gwiw ehelaeth —
28 Gwyn fy myd — gwin yw eu maeth,
Barwniaid heb erynaig,
Beilchion blanhigion blaen aig,
Hil Ririd, hwyl eryrod,
32 Flaidd — nid gŵr gwladaidd ei glod —
Teirw gryd, wyarllyd orllin,
Terydr aer, taer ar y drin,
Plant Tudur, fy eryr fu,
36 Peunod haelion pen teulu;
Eirf yw'r llu ar fôr lliant,
Aur dorllwyth yw'r blaendrwyth blant.

Môn yr af, dymunaf reg,
40   Mynydd-dir manwyeidd-deg,
Mam Wynedd, mae im yno
Geraint da eu braint i'w bro;
Claswriaeth deg glwys oror,
44   Clostr im yw ger clust o'r môr,
Buarth clyd i borthi clêr
Heb wrthod neb a borther.

Cyntaf lle'r af, llew a rydd,
48   Caer Pen Môn, carw Penmynydd,
Tŷ, gwelais gynt teg wiwle,
Tudur Llwyd, da ydyw'r lle;
Yno mae, heb gae ar ged,
52   Ail drigiant aelwyd Reged,
Gronwy loyw saffwy, lys hoff,
Gair da iawn, gŵr dianoff;
Arwain a wnaf i'm eurwalch
56   Gwayw a phenwn, barwn balch,
A darged, benadurgoff,
Gydag ef i gadw ei gorff,
I Fôn deg, nid rhaid ofn dyn
60   Ac Iolo yn ei galyn.

Erddreiniog, urddai'r ynys,
Ydd af, wtresaf, at Rys;
Trysorer, treisia'i ariant
64   A'i aur coch, ef a ŵyr cant,
I Rys wyf a'i rysyfwr
A'i wir gâr — wi wi o'r gŵr!
Arddelwaf o aur ddolef
68   O olud oll ei wlad ef.

Nid pell Tre'rcastell, cell ced,
Tud nefol, tai Ednyfed;
Ei fenestr fyddaf yno,
72   A'i faer fyth — fy aur yw fo;
Mi a gaf, heb ofwy gwell,
Cystal ag e'n Nhre'rcastell.

<pre>
      Ôl a gwrthol i'r gorthir
76   A wnaf at Rys, gwŷs gwir;
      Ar draws Môn o dŷ Rys mwy,
      Dierynaig, dŷ Ronwy;
      O dŷ Ronwy, da'r ynys,
80   Dir yw ymchwelyd dŷ Rys;
      O dŷ Rys, dur ei aesawr,
      Dŷ Wilym wych, daw elw mawr;
      Llys Wilym, blas llysieulawn,
84   Llewpart aur, lle parod dawn,
      Annwyd draig, yno y trigaf
      Yn y nef, ac iawn a wnaf,
      Trafn Glorach, trefn goleuryw,
88   Tariaf i Fôn tra fwyf fyw.
</pre>

51 *Llys Owain Glyndŵr*

<pre>
      Addewais hyd hyn ddwywaith,
      Addewid teg, addo taith;
      Taled bawb, tâl hyd y bo,
4   Ei addewid a addawo.
      Pererindawd, ffawd ffyddlawn,
      Perwyl mor annwyl, mawr iawn,
      Myned, eidduned oddáin,
8   Lles yw, tua llys Owain;
      Yn oddáin yno ydd af,
      Nid drwg, yno y trigaf
      I gymryd i'm bywyd barch
12   Gydag ef o gydgyfarch;
      Fo all fy naf, uchaf ach,
      Eurben claer, erbyn cleiriach;
      Clod bod, cyd boed alusen,
16   Ddiwarth hwyl, yn dda wrth hen.
      I'w lys ar ddyfrys ydd af,
      O'r deucant odidocaf.
      Llys barwn, lle syberwyd,
20   Lle daw beirdd aml, lle da byd;
      Gwawr Bowys fawr, beues Faig,
      Gofuned gwiw ofynaig.
</pre>

Llyna'r modd a'r llun y mae
24 Mewn eurgylch dwfr mewn argae:
(Pand da'r llys?) pont ar y llyn,
Ac unporth lle'r âi ganpyn;
Cyplau sydd, gwaith cwplws ŷnt,
28 Cwpledig pob cwpl ydynt;
Clochdy Padrig, Ffrengig ffrwyth,
Clostr Wesmustr, clostir esmwyth;
Cynglynrhwym pob congl unrhyw,
32 Cangell aur, cyngan oll yw;
Cynglynion yn fronfron fry,
Dordor megis daeardy,
A phob un fal llun llyngwlm
36 Sydd yn ei gilydd yn gwlm;
Tai nawplad fold deunawplas,
Tai pren glân mewn top bryn glas;
Ar bedwar piler eres
40 Mae'i lys ef i nef yn nes;
Ar ben pob piler pren praff
Llofft ar dalgrofft adeilgraff,
A'r pedair llofft o hoffter
44 Yn gydgwplws lle cwsg clêr;
Aeth y pedair disgleirlofft,
Nyth lwyth teg iawn, yn wyth lofft;
To teils ar bob tŷ talwg,
48 A simnai lle magai'r mwg;
Naw neuadd gyfladd gyflun,
A naw gwardrob ar bob un,
Siopau glân glwys cynnwys cain,
52 Siop lawndeg fal Siêp Lundain;
Croes eglwys gylchlwys galchliw,
Capelau â gwydrau gwiw;
Popty llawn poptu i'r llys,
56 Perllan, gwinllan ger gwenllys;
Melin deg ar ddifreg ddŵr,
A'i glomendy gloyw maendwr:
Pysgodlyn, cudduglyn cau,
60 A fo rhaid i fwrw rhwydau;
Amlaf lle, nid er ymliw,
Penhwyaid a gwyniaid gwiw,
A'i dir bwrdd a'i adar byw,

64   Peunod, crehyrod hoywryw;
       Dolydd glân gwyran a gwair,
       Ydau mewn caeau cywair,
       Parc cwning ein pôr cenedl,
68   Erydr a meirch hydr, mawr chwedl;
       Gerllaw'r llys, gorlliwio'r llall,
       Y pawr ceirw mewn parc arall;
       Ei gaith a wna pob gwaith gwiw,
72   Cyfreidiau cyfar ydiw,
       Dwyn blaendrwyth cwrw Amwythig,
       Gwirodau bragodau brig,
       Pob llyn, bara gwyn a gwin,
76   A'i gig a'i dân i'w gegin;
       Pebyll y beirdd, pawb lle bo,
       Pe beunydd, caiff pawb yno;
       Tecaf llys bren, pen heb bai,
80   O'r deyrnas, nawdd Duw arnai;
       A gwraig orau o'r gwragedd,
       Gwyn fy myd o'i gwin a'i medd!
       Merch eglur llin marchoglyw,
84   Urddol hael anianol yw;
       A'i blant a ddeuant bob ddau,
       Nythaid teg o benaethau.
       Anfynych iawn fu yno
88   Weled na chliced na chlo,
       Na phorthoriaeth ni wnaeth neb;
       Ni bydd eisiau, budd oseb,
       Na gwall na newyn na gwarth,
92   Na syched fyth yn Sycharth.
       Gorau Cymro, tro trylew,
       Piau'r wlad, lin Pywer Lew,
       Gŵr meingryf, gorau mangre,
96   A phiau'r llys, hoff yw'r lle.

52   *I Ddiolch am Farch*

       'Rho Duw mawr, y march blawr blwng,
       Mall yr wyd yn ymollwng;
       Teg o gwrser tew garsyth

4   Oeddud, drwg na byddud byth;
       Gyrfëydd gorau fuost,
       I'th ôl dihir im a thost
       Gweled yn wag lle'th fagwyd,
8   A bod dy breseb heb bwyd.
       Beth a wnaf, danaf i'm dwyn,
       Am orwyddfarch mawr addfwyn?
       Gorddin gan gleiriach gerdded
12   Heb gael gorffowys, heb ged,
       Heb farch im, onis archwn —
       I bwy Is Conwy nis gwn.'

       'Rhof gyngor it rhag angen,
16   Myned at Ithael hael hen
       Ap Robert, fab pert yw'r pôr,
       Iôn, archdiagon deugor.
       Dogn a wnaeth, da gan Ithael,
20   Cadw cylch ag ef, cyd cael;
       Nid rhaid i ti — ni ddiylch —
       Nac oedi câr neu gadw cylch,
       Nac erfyniaid, cyfraid cu,
24   Nac erchi, ond ei gyrchu;
       Ti a gei eddystr teg iawn
       Ganthaw o'i wenllaw winllawn.'

       Bu gwir — oes ei debyg ef? —
28   Benaig eglwys, ban giglef
       Marw fy march — mawr fu i mi
       Edgyllaeth wedi'i golli —
       Anfon anwylion yn ôl,
32   Syberw fu ddewis ebol
       A hebrwng eddystr blwng blawr
       Cain addfwyn teg cynyddfawr,
       Carn geugraff mewn rhaff yn rhwym,
36   Buanrhudd, mawr ei benrhwym,
       Bronddor, pes prynai iôr Iorc
       Dirmyg oedd arno deirmorc;
       Neud hwn yw'r march blaenbarch blawr,
40   Ffroenfoll olwyngarn ffrwynfawr.
       Cyntaf bardd fyddaf iddaw,
       Nac ola' im gael o'i law.

Llyma'r maes a llyma'r march
44 Gwedi'i gael, gafael gyfarch;
Pa dda'r hyn, derwyn dyrrwyf,
Profi ei ddofi ydd wyf;
Pa ffunud ehud eofn
48 Ar ei gefn yr af rhag ofn?
Rhaid esgynfaen, chwaen chwimwth,
Trwm fydd dyn crwm fel dwyn crwth;
Rhaid im ochel bugelydd,
52 A gorchymyn rhai syn sydd
Ar y ffordd erof i ffo,
Rhybuddied rhai a'i beiddio,
O bell, rhag dywedyd bw —
56 Gair honnaid garw yw hwnnw;
Rhaid yw im ochel melin
Henllan, gwrach gronglwydwan grin,
A'i chlap megis hwch lipa
60 Is y ffordd yn ysu ffa,
A'i chafn, gan yr aeafnos,
A'i ffordd garegog a'i ffos;
Rhaid ymoglyd rhyd maglau
64 Glyn Meirchion a'r Goedfron gau;
Rhaid ofn y geuffordd ddofn ddwys
A'i chreiglethr uwch yr eglwys,
Ffordd enbyd ar ffair Ddinbych,
68 Aml draenllwyn a gwrysglwyn gwrych.

Bo a fo ym, aflym wyf,
Ai syrthio, ai na syrthiwyf,
Llwyr fendith Dduw, llorf iawndeg,
72 I'r gŵr a'i rhoes, gorau rheg,
Uchelwyl hwyl, hil Uchdryd,
Uchelgrair yw byw mewn byd.
Llugorn y bwyll a'i llogell,
76 Llygad y Berfeddwlad bell,
Dygwyl Mabsant holl Degeingl,
Digel glod, angel gwlad Eingl,
Rhagorwr mawr rhag eraill,
80 Y sydd arnaw ger llaw'r llaill;
Llawenach lliw ei wyneb,
Fy Nudd, a haelach na neb;

Parabl rhesonabl rhyw sant,
84 Cywirdeb mal cyweirdant;
Ffrwyth edn ewynllwyth winlliw,
A phryd archangel a'i ffriw;
Fy nhadmaeth ehelaeth hael
88 Imi weithian yw Ithael,
A'm caifn ydyw, a'm cyfaillt,
Amau o beth, a'm mab aillt.
Ardreth dichwith gan Ithael
92 Y sydd ym gyflym i'w gael,
Pensiwn balch, gwalch gwehelyth,
Diwallu cleirch ar feirch fyth,
A chael ar bob uchelwyl
96 Anrheg a gwahawdd, hawdd hwyl.
Teilyngorff tawel angerdd,
Talm a'i gŵyr, da y tâl am gerdd;
Rhoddai arian a rhuddaur,
100 Marchog wyf, a meirch ac aur,
A'i fwyd a'i lyn ar ei ford,
Ŵyr Ricart — wi o'r record!
Duw i'w adael, dywedwn,
104 Poed gwir, bywyd hir i hwn!

53   *Marwnad Ithel ap Robert*

Eres y torres terra
Yr awr hon planhigion pla,
Ac eres y mag orofn
4   Arni, bellen ddefni ddofn;
Mae achreth, oergreth ergryd,
Yr acses, crynwres y cryd.
Tymestl a ddoeth, neud Diwmawrth,
8   Dydd mawr rhwng diwedd y Mawrth
Ac Ebrill, di-ennill yn,
Difiau bu dechrau dychryn
Rhwng y dydd newydd a'r nos —
12 Bychan a ŵyr ba achos;
Mawr o wth, marw o Ithael
Ap Robert, fab pert, fab hael

112

A roddes i ni ruddaur
16 Llydan ac arian ac aur;
Maen rhinweddol, graen a graid,
Mererid glân mawr euraid,
Glain gwyrthfawr engylawr Eingl,
20 Glân da teg, gloyn Duw Tegeingl,
Câr ei wlad, gwledychiad gwledd,
Croes Naid ac enaid Gwynedd,
Brawd i angel bryd iangaidd,
24 Pob drwg a da, pawb a draidd;
Neb arno ef ni barnai,
Am na bu fyw ef fu'r bai.
Gŵr uthr, gorau oedd Ithael
28 O'r meibion llên, gŵr hen hael;
Ni bu eto i'r bytwn
Ynemor hael gan marw hwn.
Gwae hwynt glêr mewn gwynt a glaw
32 A'r ddaear wedy'r dduaw;
Ni bu ar honno, cyd bo byr,
Dymestl nac un ardymyr
Hyd heddiw, anwiw enwir,
36 Gyfryw â hyn — gwae f'iôr hir!
Anfon engylion yng ngŵyl
I'w gyrchu, fwya' gorchwyl,
Mae Duw gwyn, amodig oedd,
40 Er moliant i'r fil filioedd,
Mal y gwnaeth, amlwg o nef,
Duw, da oedd, wedi dioddef,
Pan ddarfu, ddirfawr euwag,
44 Ysbeilio uffern, wern wag,
A chrynu — och o'r annwyd —
O'r ddaear lydan lân lwyd;
Yna'r anfones Iesu
48 Yn ôl, ei fab annwyl fu,
A llu o engylion fellŷn,
Iôn eurbarch, yn ei erbyn
I'w ddwyn heb grocs, difocsach
52 Adref hyd y nef yn iach:
Llyna dermaint da'i armerth
A wnaeth Duw iddo o'i nerth.

113

Yr awran nid llai'r owri
56 A ddoeth i gyd cyn pryd pri
I hebrwng corff teilwng teg
Yr abostol heb osteg;
Ni ddoeth i gyd o ddoethion
60 Y sawl yn yr ynys hon;
Hyn a wnaeth yr hin yn oer,
Cael adlaw o'r caledloer;
Y ddaear ddu, dyrru dwst,
64 Yn crynu — faint fu'r crynwst! —
Mam pob cnwd brwd brigogffrwyth,
Mantell oer, rhag maint ei llwyth,
Ban gychwynnwyd, breuddwyd brau,
68 I'r eglwys, lân aroglau,
O Goedymynydd ag ef,
A'i dylwyth oll yn dolef,
A'r engylion, deon da,
72 Rhag twrf y rhi gatyrfa
Oedd yn gwneuthur murmur mawr
Rhwng wybr a'r arllwybr orllawr,
A gwŷr mwy yn gware â meirch,
76 Sathr tew yn sathru tyweirch,
A sôn gan gerddorion gwrdd
A lleygion a llu agwrdd,
A chlywed, tristed fu'r trwst,
80 Clych a chrwydr clêr a chrydwst
A threbl mynaich a thrabludd
A brodyr pregethwyr prudd
Yn lleisio salm, llais hoywlwys,
84 A letenia yn dda ddwys.

Gwae ddwyfil gwedi'i ddyfod
O fewn yr eglwys, glwys glod,
A goleuo, gwae lawer,
88 Tri mwy na serlwy o sêr,
Torsau hoyw ffloyw fflamgwyr
Fal llugyrn, tân llewyrn llwyr;
Mwy na dim oedd mewn y deml
92 O'r gwyrda beilch, gwiw ardeml,
Rhai'n gwasgu bysedd, gwedd gwael,
Mawr ofid fal marw afael,

Rhai'n tynnu top a boparth
96   Gwallt y pen megis gwellt parth;
Rhiannedd, cymyrredd cu,
Rhai'n llwygo, rhai'n llewygu,
A rheidusion, dynion dig,
100 Yn udo yn enwedig;
Llawer ysgwïer is gil
Yn gweiddi fyth, gwae eiddil,
Llawer deigr ar rudd gwreignith,
104 Llawer nai oer, llawer nith,
Llawer affaith ofer feithfyw,
Och fi na fyddai iach fyw!
Aml gwaedd groch, can cloch clêr,
108 A diasbad hyd osber;
Ynghylch y corff mewn porffor
Canu, cyfanheddu côr,
Arodion saint yn rhydeg
112 A wnâi'r cwfaint, termaint teg;
Siglo a wnâi'r groes eglwys
Gan y godwrdd a'r dwrdd dwys
Fal llong eang wrth angor,
116 Crin fydd yn crynu ar fôr.

Gwae di Iolo, gwae'i deulu,
O'r pyllaid aur i'r pwll du;
Bwrw mân raean neu ro
120 Ar ei warthaf fu'r ortho;
A llawer gawr, fawr fwriad,
Pawb o'i gylch fal pe bai gad;
Hysbys ymhob llys a llan
124 Dorri'r ddaear yn deirran.

Drwg y gweddai dra gweiddi
Am ŵr fal ef, nef i ni,
Gwedi cael, hael henuriad,
128 Oes deg gan Dduw ac ystad,
Gwell tewi na gweiddi garw,
Amrygoll tost, am rygarw;
Llyma oedd dda iddo ef,
132 Addoli i Grist heb ddolef,
Rhoi gorffwysfa, da daroedd,

I'w enaid ef, oen Duw oedd,
Gydag Eli, sengi sant,
136 Ac Enog mewn gogoniant;
Ni ddeuant, y ddeusant ddwys,
Brodyr ŷnt, o Baradwys
Oni ddêl, hoedl ddeau law,
140 Dyddbrawd yn y diweddbraw;
Yno y gwelwn ein gwaladr,
Gwae a gwynt, cadarnbwynt cadr;
Ni bydd ar ben Mynydd maith
144 Olifer, porffer perffaith,
Iôn archdiagon degach
Nag fydd Ithel uchel ach.

54   *Llys Ieuan, Esgob Llanelwy*

Hawddamawr, hil Awr hael iawn,
Arglwydd gwladlwydd goludlawn;
Hawddamawr heddiw, amen,
4   I feibion, lleodron, llên
Ac ysgwieriaid, haid heirdd,
Dledogion, deulu digeirdd,
A'i siambrlain, gain gnewyllyn,
8   F'enaid o'r dyrnaid yw'r dyn,
A'r pen cog, darpan y cad,
A'r drysor da ei drwsiad,
A'r pantler a'r bwtler bach —
12 F'enaid! A fu ddyn fwynach?
Pobydd, cyrfydd, trydydd tro,
Cater, poed Duw a'i catwo!
A'r gŵr a ran ebrangeirch
16 A'r gwair mân i'r gwŷr a'u meirch,
A'r gŵr im, nid gair amorth,
Er parch a egorai'r porth;
Cydymaith cu diamwynt
20 Yn cadw gŵyl fûm cydag wynt;
Llywarch Hen llawen oll wyf,
Trwyddedog, treiddio'dd ydwyf,
Da f'ansawdd, nid gwahawdd gwan,

116

24   Y gaeaf gydag Ieuan;
       Ni ddamweiniai ddim yno
       Na chawn beth —.yn iach y bo —
       Cymyn' cnewyllyn cneuen,
28   Iechyd a bywyd i'w ben!
       Gwn, pan gyfarffwn ag ef
       Yn y cwrt, enwog gartref,
       Fy nghroesawu'n gu a gawn —
32   Hir hoedl i'm naf hoyw rhadlawn! —
       A'm croesi, lle'm câr Asa,
       Rhag echrys â'i ddeufys dda;
       Odid fydd, rhydd ym mhob rhith,
36   Undydd na chawn ei fendith;
       Doeth o'i ben dwywaith beunydd,
       Myn Mair, neu dair yn y dydd.
       Offeren fawr hoff eirian
40   A gawn, a hynny ar gân,
       Trebl, chwatrebl, mên, awch atreg,
       A byrdwn cyson, tôn teg;
       Ar ôl offeren yr awn
44   I'r neuadd gydladd goedlawn;
       Peri fy rhoddi ar radd
       Iawn a wnâi yn y neuadd
       I eistedd fry ar osteg
48   Ar y ford dâl, arfer teg;
       Anrheg am anrheg unrhyw
       A ddôi i'r arglwydd, Nudd yw;
       Diod am ddiod a ddaw
52   O'i winllan im o'i wenllaw.
       Cerdd dafod ffraeth hiraethlawn,
       Cerdd dant, gogoniant a gawn;
       Cytgerdd ddiddan lân lonydd,
56   Pibau, dawns, a gawn pob dydd.
       Nid mawr un, nid mor anael,
       Gwardrob y rhyw esgob hael,
       Na swydd yn ei eisyddyn
60   Ni bu rydd i neb rhyw ddyn;
       Ni'm lludd i fyned i'r llys,
       Neu ddyfod yn araf ddifrys;
       Rhydd yw pob lle yn rhoddi
64   Ystafell, meddgell, i mi;

Cegin, pantri, bwtri, bwyd
Pan fynnwyf; pan fo annwyd
Tân mawn a gawn neu gynnud,
68   Ni bydd yno'r morlo mud.
Yn ystafell, naws difeth,
Yr esgob y cawn pob peth:
Grawn de Paris, rhis, rhesin,
72   Llysiau, medd, gwenwledd a gwin.
Yna i siambr y siambrlain,
Yno ydd awn yn ddi-ddain;
Cyfeddach dalm, cyfaddef
76   A gawn hefyd gydag ef,
Diodlyn da diadlaes
Mewn cyrn fy arglwydd, mewn caes.
Cysgu ar blu neu bliant
80   A llennau, cylchedau, cant
Ymysg o gwrlidau mil,
A'r porffor drud o'r pwrffil
A'r gra ar gymar a'r gob
84   A'i wisgoedd — wi o'r esgob!
Pob defnydd, ufudd afael,
Allwn â hwn, fy iôr hael,
Cydymaith mwyn cyweithas,
88   Arglwydd goleuswydd ar glas;
Balch wrth falch, fal gwalch y gwŷl,
Balchach, difalchach eilchwyl;
Llym wrth lym — myn grym y grog! —
92   Ar dri gair, iôr drugarog;
Uthr ei naws, traws trybelid,
Eithr ni lŷn athro'n ei lid;
Trwyadl yw ar ddadl ddidwyll
96   Doethaf y barnaf ei bwyll;
Aml yw ei aur im o'i law,
Dedwyddaf da Duw iddaw!

55   *Cywydd y Llafurwr*

Pan ddangoso, rhywdro rhydd,
Pobl y byd, peibl lu bedydd,
Garbron Duw cun, eiddun oedd,

118

4   Gwiw iaith ddrud, eu gweithredoedd,
     Ar ben Mynydd, lle bydd barn,
     I gyd, Olifer gadarn,
     Llawen fydd chwedl diledlaes
8   Llafurwr, dramwywr maes,
     O rhoddes, hael i'r Hoywdduw,
     Offrwm a'i ddegwm i Dduw,
     Enaid da yna uniawn
12   A dâl i Dduw, dyly ddawn;
     Hawdd i lafurwr hoywddol
     Hyder ar Dduw Nêr yn ôl:
     O gardod drwy gywirdeb,
16   O lety ni necy neb;
     Ni rydd farn eithr ar arnawdd,
     Ni châr yn ei gyfar gawdd;
     Ni ddeily ryfel, ni ddilyn,
20   Ni threisia am ei dda ddyn;
     Ni bydd ry gadarn arnam,
     Ni yrr hawl, gymedrawl gam;
     Nid addas, myn dioddef,
24   Nid bywyd, nid byd heb ef.
     Gwn mai digrifach ganwaith
     Gantho, modd digyffro maith,
     Galyn, ni'm dawr, heb fawr fai,
28   Yr aradr crwm â'r irai
     Na phe bai, pan dorrai dŵr,
     Yn rhith Arthur anrheithiwr.
     Ni cheffir eithr o'i weithred
32   Aberth Crist i borthi Cred,
     Na bywyd — pam y beiwn? —
     Pab nac ymherodr heb hwn,
     Na brenin, heilwin hoywlyw,
36   Dien ei bwyll, na dyn byw.
     Lusudarus hwylus hen
     A ddywod hyn yn ddien:
     'Gwyn ei fyd, rhag trymfyd draw,
40   A ddeily aradr â'i ddwylaw.'

     Crud rhwygfanadl gwastadlaes,
     Cryw mwyn yn careio maes;
     Crïir ei glod, y crair glwys,

44 Crehyr a'i hegyr hoywgwys,
  Cawell tir gŵydd rhwydd yrhawg,
  Calltrefn urddedig cylltrawg,
  Ceiliagwydd erwi gwyddiawn,
48 Cywir o'i grefft y ceir grawn;
  Cnwd a gyrch mewn cnodig âr,
  Cnyw diwael yn cnoi daear,
  Gŵr a'i anfodd ar grynfaen,
52 Gwas a fling a'i goes o'i flaen;
  E fynn ei gyllell a'i fwyd
  A'i fwrdd dan fôn ei forddwyd;
  Ystig fydd beunydd ei ben,
56 Ystryd iach is traed ychen;
  Aml y canaf ei emyn,
  Ymlid y fondid a fyn;
  Un dryllwraidd dyffrynnaidd ffrwyth
60 Yn estyn gwddw anystwyth;
  Gwas pwrffil aneiddil nen,
  Gwasgarbridd gwiw esgeirbren.

  Hu Gadarn, feistr hoyw giwdawd,
64 Brenin a roes gwin er gwawd,
  Ymherodr tir a moroedd,
  Cwnstabl aur Constinobl oedd,
  Daliodd ef wedi diliw
68 Aradr gwaisg arnoddgadr gwiw;
  Ni cheisiodd, naf iachusoed,
  Fwriwr âr, fara erioed
  Oddieithr, da oedd ei athro,
72 O'i lafur braisg, awdur bro,
  Er dangos, eryr dawngoeth,
  I ddyn balch a difalch doeth
  Bod yn orau, nid gau gair,
76 Ungrefft gan y Tad iawngrair,
  Arwydd mai hyn a oryw,
  Aredig, dysgedig yw.

  Hyd y mae Cred a bedydd
80 A phawb yn cynnal y ffydd,
  Llaw Dduw cun, gorau un gŵr,
  Llaw Fair dros bob llafurwr.

O Dduw teg a'i ddäed dyn,
A welai neb Lywelyn
Amheurig fonheddig Hen,
4   Ewythr frawd tad yr awen?
Mae ef? Pwy a'i hymofyn?
Na chais mwy, achos ni myn.
Meibion serchogion y sydd
8   A morynion Meirionnydd.
Nis gŵyr Duw am deuluwas,
Yn athro grym aeth i'r gras.
Rhyfedd o ddiwedd ydd aeth
12   I Rufain o'r siryfiaeth.
Dyn nid aeth, a Duw'n dethol,
Erioed fwy cwyn ar ei ôl.
I Baradwys i brydu
16   Yr aeth i Fair, iôr uthr fu.
Nid rhaid dwyn yno ond rhif,
Nid hagr cael enaid digrif.
Mawr yw'r pwnc os marw'r pencerdd,
20   Mair a'i gŵyr na bydd marw'r gerdd.
Pan ofynner, arfer oedd
Y lleisiau yn y llysoedd,
Cyntaf gofynnir, wir waith,
24   I'r purorion, pêr araith,
Rhieingerdd y gŵr hengoch,
Lliaws a'i clyw fal llais cloch.
Nid oes erddigan gan gainc,
28   Gwir yw, lle bo gwŷr ieuainc,
Ni bydd digrif ar ddifys
Nac un acen ar ben bys
Ond cywydd cethlydd coethlef,
32   Ni myn neb gywydd namn ef.
Ni cheir ungair, chwerw angerdd,
Ar gam yn lle ar y gerdd;
Ni wnâi Dydai Dad Awen,
36   Ni wyddiad Gulfardd hardd hen
O gerdd bur wneuthur a wnaeth,
Gwrdd eurwych ei gerddwriaeth,
Prydyddfardd priod addfwyn,

40   Proffwyd cerdd, praffed yw cwyn!
     Priffordd a gwelygordd gwawd,
     Profestydd pob prif ystawd,
     Prifeistr cywydd Ofydd oedd,
44   Profedig, prifai ydoedd;
     Prydfawr fu'r ffyddfrawd mawr mau,
     Prydlyfr i bob pêr odlau;
     I gan Dalieisin finrhasgl,
48   Trwy ei gwsg, nid drwg ei gasgl,
     Y dysgodd — wi o'r disgibl! —
     Ar draethawd bybyrwawd bibl.
     Ethrylith, nid ethrylysg,
52   Athro da, neur aeth â'r dysg
     I'r lle mae'r eang dangnef,
     Ac aed y gerdd gydag ef;
     Nid rhaid wrthi hi yr haf,
56   Da y gŵyr ef y digrifaf.

     Nid oedd neb, cyfundeb cu,
     Yng Ngwynedd yn ynganu
     Dieithr a wnaem ein deuoedd,
60   Mi ac ef, ail Amig oedd,
     Amlyn wyf; nid aml iawn neb
     O rai hen ar ei hwyneb.
     Pur athro cerdd, pêr ieithrym,
64   Parod oedd, pwy a ŵyr dym?
     Minnau'n dal hiriau fy hun,
     Mi ni wn, i mewn anun,
     Na dyrnu, na gwëu gwawd,
68   Ag unffust — och rhag anffawd!
     Un natur â'r turtur teg,
     Egwan wyf, ac un ofeg;
     Ni ddisgyn yr edn llednais,
72   Ni chân ar irfedw, lân lais,
     Pan fo marw, garw y gorwyf,
     Ei gymar, aflafar wyf;
     Minnau, canu ni mynnaf
76   Byth yn ei ôl, beth a wnaf?
     Gweddïo Pedr, gwedd eorth,
     Y bûm, canaf gerdd am borth,
     Ar ddwyn Llywelyn, dyn da,

80 Urddolfeistr nef, i'r ddalfa
Ym mysg, pobl hyddysg eu hynt,
Proffwydi nef, praff ydynt;
Hoff fydd gan Ddafydd Broffwyd
84 Ddatganu cerdd Lleucu Llwyd;
Prydydd oedd Ddafydd i Dduw,
Clod y Drindod a'r Unduw;
Prydyddiaeth a wnaeth fy naf
88 Y sallwyr bob esillaf;
Anniwair fu yn ei oes,
Careddfawr carueiddfoes;
Puror telyn, pôr teulu,
92 Serchog, edifeiriog fu.
Duw a'i maddeuawdd, hawdd hoed,
Iddo yn ei ddiweddoed.
Yntau a faddau i'w fardd
96 Ei ffolineb, ffael anardd.
Llys rydd y sydd, swydd uchel,
I brydydd lliw dydd lle dêl.
Ni chae na dôr — ni chŵyn dyn —
100 Na phorth rhagddo, ni pherthyn.
Ni hawdd atal, dial dwys,
Prydydd i borth Paradwys.

57 *Dychan i Hersdin Hogl*

Ithel Ddu i'th alw ydd wyf,
Athrodwr beirdd uthr ydwyf,
Athro'r gerdd y'th roir ar gant,
4 Etholwalch beirdd y'th alwant,
A thra da wyd, ni thry dyn,
A theuluwr iaith Lëyn;
Erchaist i feirdd orchest fawr,
8 Arch afraid cyn eiry Chwefrawr,
Goffáu y gïau ffiaidd,
Gythwraig, ymddanheddwraig haidd,
Hersdin Hogl a'r arogl oer,
12 Henllodr figyrnbodr garnboer;
Mae yni'i hun yn un haint

123

Dwy daerwrach dew eu derwraint,
Meheldyn, gefryn heb gig,
16 Meingroen neidr min grynedig,
A merch Rwsel, sorel soeg,
Gwrach fresychgach frau sechgoeg;
Rhaid yn gyda hyn, gau ei hiad,
20 Furnio iddi ddwy farwnad:
Grybwyll ei hers gefngribin,
Grepach hogl grach ar hegl grin,
Henddyn fam Wyddelyn wefr,
24 Hers dinroth hir estynrefr,
Rhefr grach gwedy rhifo'r grib,
Hefis ystrethbis droethbib.
Paham, Ithel ddinam Ddu,
28 O bai raid iddi brydu,
F'enaid, pam nad anfonud
Fesur ei throed, fos roth ddrud,
Tra fai'i hesgyrn, cyrn carnfoll,
32 A'i gïau du i gyd oll,
Tra fai ddryll o'i hesgyll hi
Wrth ei gilydd, arth guli?
Nid hawdd cael gwawd barawd bur
36 Yn absen gwilff wynebsur;
Gwnawn yn hoff ei dydd coffa
Pes gwelswn â phwn o ffa.
Minnau y sydd, meinwas wyf,
40 Foly gellast, fal y gallwyf,
Gwedy naddu'r gwadn iddi,
Enw heb senw oedd ei henw hi;
Pader i hon — pwy ydoedd? —
44 Poed ar awr dda, pydru'dd oedd;
Haeru a wneid ei bod hirynt
Yn oes hen Geridfen gynt,
Rhyswraig gynhaig, gwn ei hainc,
48 Rhysywin fawdgrin fwydgrainc,
Blif annigrif yn neugrest,
Blota, gwlana, gwera, gwest,
Cawsa, cica, min coceth,
52 Casa' pwnc, ceisio pob peth;
Llawer cydaid hen wenith,
Llawer baich ar ei braich brith,

Llawer dryll cig, selsig sail,
56   A chosyn dan ei chesail,
Llawer gwaell, lliwir ei gwedd,
A dynnai hi â'i dannedd;
Gwae'r mab gwedy gwyro'r min
60   A'i colles, ddiefles dduflin.

Nos y rhwymwyd, dorglwyd don,
A'i deufraich ar ei dwyfron,
A bwrw'r hwch mewn berwa wrysg
64   Â phloc aml a phlwyw cymysg
Yng nghwr bwth, anghywair baw,
A'i gwaling yn ei gwyliaw.
Rhull gyrchgas, rhwyll gywarchgwd,
68   Rhoed ysgrîn ar hyd ysgrŵd,
A rhwyd fawr ar hyd y fam,
Rhasgl fynwes gawsgasgl goesgam,
Rhag gweled rhwyg ei gwilers
72   A chnu'i hiad yn uwch no'i hers.
Yn ei brat, henwrach gateirch,
Yr aeth i'r cladd, caeth y cleirch.
Buwch ffôl, ni bu uwch ei phen
76   O ffurf gaffael offeren
Nac offrwm, widdon geuffrom,
Na rhan, na lluman, ŵyll lom,
Eithr ei hudffat a'i throedffust,
80   Odid o chlywid â chlust;
O'i blaen ni bu eleni,
Bob eilwers gyda'i hers hi,
Lle yng Ngwynedd, llong anoff,
84   Gyfryw glul ar ôl gafr gloff;
Ei gwlan a'i chwpan a'i chap
A'i deuglaf yn rhoi dwyglap.
I ddiawl oedd ohoni ddyn,
88   I ddiawl yntau Wyddelyn.
Na wna o'i hen fara hi
Ei harwyl, arthglun heri;
Rhanned ei blawd a'i rhynion
92   Rhwng clêr, a'i phiner a'i ffon
A'i chynfas a'i chrys bras brau
A'i chae latwm a'i chlytiau

125

A'i chwd a'i gogr, fuwch edern,
96   A'i chi a'i chath, och i'w chern,
      A'i chunnog laeth a'i chwynnogl,
      A'i chwd, Hersdin hwgwd Hogl,
      A'i ffunen hen a'i ffon hi,
100   A'i burwy a'i mail boeri
      Er gweddïo, gwyw ddwyen,
      Gyda hi, safn geudy hen,
      Rhan o nef rhag rhynnu neb
104   I honno fudr ei hwyneb;
      Gwain gweirfforch, gwaneg oerffwyr,
      Gwae ni ei marw hi mor hwyr.

LLYWELYN GOCH AP MEURIG HEN

58   *Moliant Rhydderch ab Ieuan Llwyd*
          a Llywelyn Fychan

      Henynt o le ni hunir,
      Heol y Glyn, hail y glêr,
      Hedd hawdd — ddiomedd — amor,
4   Hirdda fawl heirdd ddeufilwr.

      Milwriaidd gorff mal Urien,
      Mygr Rydderch gaethserch goethson,
      Meinlew ail mwyn Lywelyn,
8   Meddgell ddifachell, Fychan.

      Bychan yw fy rhan o'r rhad — a'r echwyn
          A'r uchel ysgarlad
        Hyd pan ddyco, cyffro cad,
12   Duw o Loegr ein deulygad.

      Llygad y haelwlad yw hwn,
      Llariaidd Rydderch luniaidd lon;
      Ail llygad y winwlad wen
16   Yw fy llewlyw Llywelyn.

Llywelyn uwch y Glyn glwys,
Rhydderch gwrferch hygarfoes,
Deuwr yn arwain dwyaes,
20   Deugyfaillt deg a gefais.

Cefais, iawn redais, yn wirodau — gwin,
    Yn gaened, yn dlysau,
    Yn rhuddion feirch, yn rheiddiau,
24   Yn ra ran o dda y ddau.

Dau o genadau gwynion ydynt,
    Dir caeth Lloegr a aeth, boed ffraeth ffrwythynt.
Diwasaidd yng ngherdd y'm dewisynt,
28   Dewisaw gwiwddyn dwys y gwyddynt.
Rhieddawg farchawg a gyferchynt.
Rhuthr milwreiddfraisg mawrwaisg morwynt.
Rhydderch wrth hirferch ddigynghorfynt.
32   Rhi deutu Aeron yn rhaid ytynt.
Rhwydd rhag Llywelyn fo hyn o hynt
Fychan ddiymgel, Echel uchynt:
Rhai o drumydd Lloegr, bob rhyw dremynt,
36   Rhoed y ffawd i hwn, rhydiau a phynt.
Gosyml y barnwn o'r a geisynt
Rai a'u gomeddai, gemau oeddynt.
Gwerin gynefin, gwin a yfynt,
40   Gwŷr drythyll eu byd, gwir a draethynt,
Braisg eu cyrff a gwaisg gwedy gwisgynt,
Brenhinedd y serch, byr iawn hunynt;
Breiniau, negesau a ddangosynt,
44   A gwin y brenin a obrynynt;
Ynifer o glêr a eglurynt,
Awen yn llawen iawn y llywynt;
I dlodion ddynion a eiddunynt
48   Gael eu lles gan hael llaes gynhelynt.
Deallu barddlyfr da a ellynt,
Dillynion cyson, ni'm atcesynt;
Dechrau a chanawl hawl a holynt,
52   Na diwedd cyfraith nid edewynt.
Rhwydd bererinion, rhudd a brynynt,
Meirch ar ôl dwysgeirch, wedy dysgynt
Arfau o'r gorau, aer a gurynt,

56 Gwyrdd a rhuddaur coeth, gwrdd y rhoddynt.
Pybyr Lywelyn, hyn a honnynt,
Pabl Rydderch loywserch, ni'n dilysynt.
Pâr Iesu fab Mair rhag pur rysynt
60 Pob un ohonun i'r lle'r henynt.

59 *Llys Dafydd ap Cadwaladr*

Cyrchais ar frys winllys wiw,
Lle rhydd glod eilewydd glyw,
Cadrfab coeth glaif ddurnoeth glew
4 Cadwaladr, ced o'i wiwlaw.

Ced wiwlaw aelaw, ail Idwal — difai,
Dafydd, lywiawdr ardal;
Llwyr gostiaw, Llŷr ogystal,
8 Llawir doeth, llawer a dâl.

Taladwy radd, Loegrladd lyw,
Telaist Dafydd wawdrydd wiw,
Tarw tarfgad Eliwlad law,
12 Tiriondeg walch tariandew.

Llew blymlwyd, ysgwyd asgen, rhaeadr — dwfr,
Dafydd linon baladr,
Eurfab clodsal Cadwaladr,
16 Tëyrn hil cedyrn hael cadr.

Cadr Ddafydd aflonydd lid,
Câr cymen, clau beren clod,
Llew gwrawl llaw agored,
20 Lliw gŵraidd, brenhinaidd bryd.

Pryd angel, ddigel ddogni, difai — barchair,
Berchen Gwasgwyn rhuddai,
Braisg ddewrlid, cadernid Cai,
24 Brud gorchest, brwydr a gyrchai.

Clau Ddafydd ddifefl falchair,
Cerddfawl da wrawl, dioer,

Cadr ddewredd, terwyn gledd taer,
28　Ced rwydd, câr cludlwydd clodlwyr.

Llwyr folais, cyrchais, cyrch goddehau,
Lle mae llawenydd pob dydd diau,
Llawr Bachelldref, fawr furiau — adeilflin,
32　Lle cynefin gwin a gwirodau.

Llys Dafydd glodrydd, gledren cadau,
Llew llidiawg doniawg, deunerth Llachau,
Lle diandlawd, nawd neidiau — meirch gwelwon,
36　Lle cyson beirddion ynghylch byrddau,

Lle meddwaint ceraint, carant canuau,
Lle meddwon dynion, doniawg foesau,
Lle cyfrwydd hylwydd heiliau — diambell,
40　Lle ceir gwin diell o dunellau,

Lle rhoddir, gwelir yno'r gwyliau,
Lle rhoddes Duw Dad beth o'i radau,
Lle gwir a gerir, gorau — hyd Brydyn,
44　Lle nad rhaid gofyn llyn lletyau,

Lle cyflawn o ddawn ac o ddoniau,
Lle cyfrwydd hylwydd helwyr parcau,
Lle hygyrch hwyl gŵyl, golau — pyst fflamgwyr,
48　Lle llwyr o synnwyr, myn y seiniau,

Lle gwir y telir talm dros gerddau,
Lle teilwng llef telyn a phibau,
Lle hynod hoywglod, hyglau — wasanaeth,
52　Lle rhydd ffraeth digaeth, dogn hylawchau,

Lle blin i gegin ac i gogau,
Llafur disegur yn dwyn seigiau,
Lle 'merodraidd llysaidd, llesau ciwdawd,
56　Lle parawd gwirawd a gwaryau,

Lle dyry Dafydd beunydd bynnau,
Llurugawg farchawg ar farch gwinau,
Llew addwyn coeth glew, gleddau — bomelgadr,
60　Llwyddfab Cadwaladr, clod baladr clau.

Heiniar adfydig hynwyf,
Hyn yw fy nghyngor, hen wyf,
Tra fo eiry yn glo ar glawr
4   Daear Wynedd, drwy Ionawr,
Oernwyf rhyw, arnaf y rhed
Brifiau mân, brofi myned,
Os gwir y trig uwch brig bryn,
8   Ni'm gad eiry cawad ceuwyn;
Mawr boen a ludd hoen yw hon,
Mair a'i gŵyl, muriau gwelwon;
Cuchiog gwaeth na swyddog sir,
12   Cochlgrwn cylch gwyndwn gweundir;
Gwanar ffrwd gwenwyno'r ffriw,
Gwen galcheidlen gylchedliw;
Maith yr ergydiawdd bob man,
16   Mannoedd wybr mynydd ebran;
Argoel dig, argae brig brwyn,
Oergrwybr ar greiglwybr gruglwyn,
Nithod o'r cribod a'r crwybr,
20   Nithlen, ni ad un noethlwybr,
Er pan dynnwyd, wynllwyd wedd,
Yr hoel o fol yr heledd,
I halltu ag eiry hylldaith,
24   Lawr daear fawr, larder faith.
Oer y caid llonaid pob llwyn,
Cnwd mawr megis cnawd morwyn;
Pell o'm bodd im ei ddioddef,
28   Peilliaid blawd hynafiaid nef.
O daw glaw ar ei dew glwyd,
Adwyth daearllwyth dorllwyd,
Llym o'r wybr, llyma rybudd,
32   Llif Geredigion a'm lludd;
Hwyr i mi drwy Ddyfi draw,
Hyddod rwystr heddiw drostaw;
Nid wyf anghywir ddiriaid,
36   Nid af hyd yr haf, nid rhaid,
O le paradwys ail oedd,
O wynion lwysion lysoedd,
Maith im bybyriaith barawd,

40   Meibion Meirig iôn mur gwawd.
O dŷ Hywel, uchel ach,
Dŷ Feirig, nid oferach,
Fy swydd gyda'm harglwyddi,
44   Hyn fydd, a'u câr hen wyf i;
Darllen cyfraith, rugliaith raid,
A Brut hen y Brutaniaid,
Gwisgaw o befrlaw pob un
48   Gwrdd roddion gwyrdd o'r eiddun;
Clau ddychanu llu lledffrom,
Clywir ei dwrf, clêr y dom:
Rhuthr fal y'm anrheithiwyd,
52   Rhugl debygu Lleucu Llwyd
I hardd flodeuros gardd gain,
I hael Fair, neu i haul firain;
Digrif gan gleiriach achul,
56   Awr dda y sydd ar dduw Sul,
Clybod yn ôl Nadolig
Dyrnodau cogau mewn cig;
Cynnwrf milgwn, gwn nid gau,
60   Cedenog o'u cadwynau;
Cydgerdd crwth chwimwth a chod,
Cydgerddau pennau peunod,
A chlych aberth a chwerthin,
64   A galw gwŷr i gael gwin.
Fy ngweddi, f'arglwyddi glân,
F'eneidiau, fi ni adan,
Hen ewythr i hoyw neiaint,
68   Ei hun i ymdrech â haint.
Adeilad, yno y daliaf,
Rhwng tai fy nau nai, a wnaf,
Ynghanawl lle mae'r mawl mau,
72   Cogor gwin Cae Gwrgenau,
Diddan gyfedd a wneddwynt,
Deuddyn na bwyf hŷn na hwynt.

61   *Marwnad Lleucu Llwyd*

Llyma haf llwm i hoywfardd,
A llyma fyd llwm i fardd.

131

E'm hysbeiliawdd, gawdd gyfoed,
4 Am fy newis mis o'm oed.
Nid oes yng Ngwynedd heddiw
Na lloer, na llewych, na lliw,
Er pan rodded, trwydded trwch,
8 Dan lawr dygn dyn loer degwch.

  Y ferch wen o'r dderw brennol,
Arfaeth ddig yw'r fau i'th ôl.
Cain ei llun, cannwyll Wynedd,
12 Cyd bych o fewn caead bedd,
F'enaid, cyfod i fyny,
Egor y ddaearddor ddu,
Gwrthod wely tywod hir,
16 A gwrtheb f'wyneb, feinir.
Mae yman, hoedran hydraul,
Uwch dy fedd, huanwedd haul,
Ŵr prudd ei wyneb hebod,
20 Llywelyn Goch, gloch dy glod.
Udfardd yn rhodio adfyd
Ydwyf, gweinidog nwyf gwŷd.
Myfi, fun fwyfwy fonedd,
24 Echdoe a fûm uwch dy fedd
Yn gollwng deigr llideigrbraff
Ar hyd yr wyneb yn rhaff.
Tithau, harddlun y fun fud,
28 O'r tewbwll ni'm atebud.

  Tawedog ddwysog ddiserch,
Ti addawsud, y fud ferch,
Fwyn dy sud, fando sidan,
32 F'aros, y ddyn loywdlos lân,
Oni ddelwn, gwn y gwir,
Ardwy hydr, o'r deheudir.
Ni chiglef, sythlef seithlud,
36 Air ond y gwir, feinir fud,
Iawndwf rhianedd Indeg,
Onid hyn, o'th enau teg.
Trais mawr, ac ni'm dawr am dŷ,
40 Torraist amod, trist ymy.
Tydi sydd, mau gywydd gau,

Ar y gwir, rywiog eiriau,
Minnau sydd, ieithrydd athrist,
44   Ar gelwydd tragywydd trist.
Celwyddog wyf, cul weddi,
Celwyddlais a soniais i.
Mi af o Wynedd heddiw,
48   Ni'm dawr pa fan, loywgan liw;
Fy nyn wyrennig ddigawn,
Pe bait fyw, myn Duw, nid awn.

    Pa le caf, ni'm doraf, dioer,
52   Dy weled, wendw wiwloer,
Ar fynydd, sathr Ofydd serch,
Olifer, yr oleuferch?
Llwyr y diheuraist fy lle,
56   Lleucu, deg waneg wiwne,
Riain wiwgain oleugaen,
Rhy gysgadur 'ny mur maen.
Cyfod i orffen cyfedd
60   I edrych a fynnych fedd,
At dy fardd, ni chwardd ychwaith
Erot dalm, euraid dalaith.
Dyred, ffion ei deurudd,
64   I fyny o'r pridd-dŷ prudd.
Anial yw ôl camoleg,
Nid rhaid twyll, fy neudroed teg,
Yn bwhwman rhag annwyd
68   Ynghylch dy dŷ, Lleucu Llwyd.
A genais, lugorn Gwynedd,
O eiriau gwawd, eiry ei gwedd,
Llef drioch, llaw fodrwyaur,
72   Lleucu, moliant fu it, f'aur;
Â'r genau hwn, gwn ganmawl,
A ganwyf, tra fwyf, o fawl,
F'enaid, hoen geirw afonydd,
76   Fy nghariad, dy farwnad fydd.

    Cymhennaidd groyw loyw Leucu,
Cymyn f'anwylddyn fun fu:
Ei henaid, grair gwlad Feiriawn,
80   I Dduw Dad, addewid iawn;

A'i meingorff, eiliw mangant,
Meinir i gysegrdir sant;
Dyn pellgŵyn, doniau peillgalch,
84   A da byd i'r gŵr du balch;
A'i hiraeth, cywyddiaeth cawdd,
I minnau a gymynnawdd.

Lleddf ddeddf ddeuddawn ogyfuwch,
88   Lleucu dlos, lliw cawod luwch,
Pridd a main, glain galarchwerw,
A gudd ei deurudd, a derw.
Gwae fi drymed y gweryd
92   A'r pridd ar feistres y pryd!
Gwae fi fod arch i'th warchae!
A thŷ main rhof a thi mae,
A chôr eglwys a chreiglen
96   A phwys o bridd a phais bren.
Gwae fi'r ferch wen o Bennal,
Breuddwyd dig, briddo dy dâl!
Clo dur derw, galarchwerw gael,
100   A daear, deg ei dwyael,
A thromgad ddôr, a thrymgae,
A llawr maes rhof a'r lliw mae,
A chlyd fur, a chlo dur du,
104   A chlicied; yn iach, Leucu!

62   *Awdl Gyffes*

Achubaf Duw Naf diamnofydd
Dy nawdd a'th gyfarch, rybarch rebydd;
Uchel yn awyr dy fagwyrydd,
4   Iechyd marw a byw, llyw llewenydd,
Brenin a dewin pob rhyw dywydd,
Creawdr, amherawdr, crair mawr dedwydd;
Ysbryd gloywfryd glân, darian derydd,
8   Tad dawn anogiad, mab dinegydd.
Pan lithrddel rhyfel, rhwyf merwerydd,
A'r tralliaws bobl, a'r tri lluydd

Ar lethr Olifer funer Fynydd,
12 Engylion werin dy fyddin fydd.

Gwneuthum ddadl cynnelw gyda'r celwydd;
Gwneuthost fôr, rëydr, hoen gwydr a gwŷdd;
Gwneuthum ddifflais drais dros dy gerydd;
16 Gwneuthost nef a llawr, dramawr drumydd;
Gwneuthum ddifrawd nef a gwŷr crefydd;
Gwneuthost gelfyddyd byd a bedydd;
Gwneuthum lateiaeth, barn feddwgaeth fydd;
20 Gwneuthost ddwfr a thân glân a glennydd;
Gwneuthum i gywir wir waradwydd;
Gwneuthost hagr a theg, ofeg ufydd;
Gwneuthum ar draethawd geuwawd gywydd
24 Lleucu yn eilFair, lliw caen elfydd;
Gwneuthum odineb nac ednebydd;
Gwneuthost Lyn Ebron a'i afonydd.
Cyffesaf wrthyd, byd wybodydd,
28 Camau a wneuthum, cymen ieithydd,
Gwrawlgadr waladr digywilydd,
Goruchel bylgain ac awr echwydd:
Torrais o gredau bynnau beunydd;
32 Taeredd a ddysgais hydrais hoedrydd;
Torrais y dengair, ffurfaidd grair ffydd,
Deddf eurwr dileddf ei erdelydd;
Torraist, gwarÿaist, hil gwiw riydd,
36 Trumawgfedd daear, loywar lywydd,
Twr diorwagiaith perffaith purffydd,
Torràist byrth Uffern, wlyb fignwern wlydd.

Er dy goron ddrain, er dy gerydd,
40 Er dy gariad clyw lyw f'eilewydd,
Er dy gethrawl draed a'u rhuddwaed rhydd,
Er dy glwyf ofal â'r glaif efydd,
Er dy lwyrwir farw ar d'elorwydd,
44 A'r tradoeth gyfod y pryd trydydd,
Erbyn fy marwawl ddiweddawl ddydd,
Eurdad digroniad, dy gerenydd.

DAFYDD BACH AP MADOG WLADAIDD

63 *Llys Dafydd ap Cadwaladr*

Mab cadr Cadwaladr, ceidw heolydd — hael,
    Hil Elystan Glodrydd,
    Ac yn ei lys, brys braswydd,
4   Meibion ufyddion a fydd,

A ched ac yfed ac ufydd — dylwyth,
    A dilyn lluosydd,
    A chadw wyneb ar rebydd,
8   A chyda llyth byth ni bydd.

Na wnaed dengyn ddyn ar ddydd — drycinog,
    Dros amcanu dedwydd,
    Myned, er ffoled ei ffydd,
12   Na dyfod heb lys Dafydd.

Mi a welais lys, a dwy a deg llys,
    Ac ni welais lys mor lwys edmig
Â'r llys a hoffaf er lles i'w phennaf,
16   Nid llaes y'i molaf, mal Celliwig;
Yn llwyr degwch nef, yn llawr Bachelldref,
    Y lle y bydd dolef bob Nadolig,
A llu o geraint, a llyn tra meddwaint,
20   A llewychu braint bro hil Feurig,
A darllain llyfrau llin breninllwythau,
    A chanmol achau ucheledig,
A gwybod teiriaith a chlaws y gyfraith
24   A growndwal pob iaith weithrededig,
A llif gwirodau, a llef gan dannau,
    A llafar gerddau gorddyfnedig,
Ac aml fwydau, melys gyweirdabau,
28   A thrymion seigiau siwgyredig,
A chynnal rhyddlys i'r holl Fêl Ynys,
    Hysbys nad tybys fod llys tebig
I'r llys gyfannedd o barch a mawredd
32   A rhywiog fonedd diagwedd-dig,
A llwyddiant beunydd lluosawg gynnydd,
    A mawr lawenydd heb un dydd dig,

A phorthi brwysgfeirch ar wair a brasgeirch,
36   A dofi ebolfeirch, meirch mynyddig,
A milgwn hirion, cipiaid gafaelion,
    Huaid trwynfyrion, cigyddion cig,
A chytgerdd peunod, a grwn c'lomennod,
40   A gwg alarchod elyrchedig,
A desgant adar tradoeth eu trydar,
    A gwiw iaith lafar diafar-dig,
A lliwgoch baladr gan llin Cadwaladr,
44   A llafn gwaedraeadr, coelfeingadr cig,
A llawer cerddawr, a llawen grythawr,
    A llawenydd mawr uwch llawr lleithig,
A thro cerddorion, a thrydar meibion,
48   A thrabludd gweision gosymddeithig,
A thrallawd cegin, a thrulliad trablin,
    A thrilliw ar win i wan blysig.

Tair cynneddf y sydd, dirion lawenydd,
52   Ar briflys Dafydd, difefl ryfig:
Pa ddyn bynnag fych, pa gerdd a fetrych,
    Gydag a nodych yn enwedig,
Dyred pan fynnych, croeso pan ddelych,
56   A gwedi delych tra fynnych trig.

Trig yn bendefig Dafydd — i'th lysoedd
    A'th luosawg geyrydd;
    Dy air a saif deiroes hydd,
60   Dy glod aeth dros y gwledydd.

64   *I Ferch*

Fy lloer â'i gwallt fal lliw'r gwin,
    A'i phryd fal ffrwd y felin;
    A'r tâl a gynnal ei gwisg,
4   Mold hyfryd, mal ôd difrisg;
    A'r ael uchel a welyn'
    Asgell mwyalch ar galch gwyn.
    Lliw ei grudd oll, fo'i graddiwyd,
8   Wnâi i lwys fardd lysu 'i fwyd!

137

A'r parabl dwys glwys gloywber,
Gwin o'r pint yw'r genau pêr.
Gweled ail ei llun gwiwlwyr
12   Nid yw ar gorff ond ar gŵyr.
Teg yw'r wedd a'r cyneddfau,
Gelynes y fynwes fau.
Fyfi a gwen, fwyfwy a gaid
16   Yn difwynaw'n dau enaid;
Hyhi'n fy lladd, gradd groywserch,
Minnau heb faddau i'r ferch.
Gwyliwn fod yn ein golau
20   Ein Duw'n ddig wrthym ein dau!
Gwnaed iawn, y gannaid wenferch,
I'w bardd y sydd brudd o'i serch,
Heb gysgu, heb garu gwin,
24   Ebwch wrthyd, heb chwerthin,
Heb ganu, heb ogoniant,
Heb ysmonaith chwaith, na chwant,
Heb friw gan arf, darf derfyn,
28   Ond cariad lladrad fell hyn;
Heb latai a gludai glod,
Di-uthr o doai athrod.
Fy hun od awn i'w hannerch,
32   Mwy cerydd a fydd i'r ferch.
Od awn ddwywaith, dyn dduael,
Gyrrai chwech y gair o'i chael,
Gwŷr ifainc mewn gwir ryfig
36   A'm gwelai, a ddaliai ddig.
Mawr yw'r dig a'r genfigen
Gan ferched gweled ei gwên,
Na chawsent yn iachusawl
40   Roi yn eu mysg ran o'i mawl.
Enw o fawl ni wnaf fi,
Nid yw addas, ond iddi.
Disgwyl tâl am ofalglwyf,
44   Nes ei gael anwesog wyf.

GRUFFUDD AP MAREDUDD

65   *Moliant Tudur ap Gronwy*

Llew glew gleiflym, grym gryd fflemychu,
Llorf corf cad, ceimiad camon dasgu,
Llariaidd walch geirfalch, gorfu — abrwysgldyrf,
4   Llyry byrffyrf briwgyrf, bragad fylchu.

Llid prid prif yngnif, yngnaws cyrchu,
Llyw glyw glwyd ysgwyd, esgar bylu,
Llŷr ofn aer frwysgddofn ar freisgddu — fronddor,
8   Llawchfeirdd iôr angor, Engl dachweddu.

Llwyr ddarogan brân i'm brawd y cu,
Fab Dyfnwal arial, gâl ddigelu,
Llwyddiant rhuthr llin uthr, aeth lle bu — Ffrolo,
12   Llafn gelyngno, clo clod enynnu.

Llun Rhun gun Gwynedd, fedd fenestru,
Llŷr gedwisg eryr, gad wasgaru;
Lluniaf wawd tafawd er tyfu — ym myd,
16   Lluniaeth dihewyd bryd o brydu.

Lluwch fflamddur Dudur, dadl ddiblygu,
Llachar ddâr bâr berth, fawrnerth farnu,
Llachau glodolau yn glew dalu — gwaith
20   Pan fai wyarllaith, pum saith sathru.

Lleifiad digiliad, galon grynu,
Llaw rhodded nodded, Nudd gystadlu,
Lliwrudd wayw diludd, wiw deulu — Ffyrnfael,
24   Llawrudd hael diwael, Duw i'w adu.

Lladwin wrawl grair, borthair barthu,
Llydwawd wawr byrthwawr, beirdd gartrefu,
Llawn gyflawn hoywddawn, llwrw haeddu — o'm brawd,
28   Ni wnaeth Trindawd ffawd ffordd i'w gablu.

139

Tarian llwyth Tewdwr, gŵr i'w garu,
Tremyniad saeth gad, saith gamp Alltu,
Tŵr gŵr gwrdd blaid, graid grym Carcu — yng nghadoedd,
32   Tarw ar arw aeroedd, dorfoedd darfu.

Trystan hir am dir yn ymdaeru,
Traws maws mawrddrud clud, clod enynnu,
Terfysg llew dewrddysg llid arddu, — gad gun,
36   Tarf cun, rhwyf Alun yn rhyfelu.

Trachwerw ferw fawrdorf, lorf corf coethlu,
Trychiad bryd gryd grwydr, frwydr fradychu,
Troches goelfain brain uwch bru — gwyarllif,
40   Trech yng ngnif no rhif y rhiallu.

Tryfer cad neirthiad, nerthawg allu,
Trefn heilrwysg, hueilrisg heÿrnblu,
Treiglawdd clud ddatawdd clod hyd ddeutu — Hafn,
44   Trafn lwgr â'i liflafn Loegr elyflu.

Treigl o'm bron annerch serch disyrchu,
Traglew llew lleifiad, gad gymynu,
Taerlaif gwyargnaif gwayw irgnu — gwaedlin,
48   Twrf tarf tân chwefrin, drin dremynu.

Trwy frys i'w lys lwys, ddwys ddeisyfu,
Trwy frawd ei geudawd, trwy ffawd ffynnu,
Trwy lithiaw branes, trwy lethu — Northmain,
52   Trwy lathr arwyrain, gain geinhiadu,

Trwy rad mawr gwawr gwaisg yn braisg brynu,
Trwy rodd, trwy fodd foes, trwy oes Iesu,
Trwy aur borthair Mair, maethlu — Mihangel,
56   Pawl, Pedr, Gradifel y dêl i'w du.

66   *Englynion Gwynedd*

Na wna, Iôr nen, wen Wynedd,
Ddaear ffraeth, yn dduoer ffridd,

Ddeon awr y ddau nawradd,
4   Dduw o nef, ddewin ufydd.

Na wna, grair Mair mireinglod,
Wynedd windydwedd wendud,
Un a Thri wyd ynn o'th rad,
8   Iawnder saint, yn dir asêd.

Na wna Dad, llyw mad, lle mae geirdd — canwledd,
    Llawr Gwynedd, harddedd heirdd,
    O bla dygn am blwy digeirdd,
12   Yn blas o draeth bas, dreth beirdd.

Na wna Wynedd fonheddig
Yn waeth na newidlong wag,
Gwâr grair a gymerth gwir grog,
16   Gwirion Dad i'w gwerin deg.

Ei diffryd, hwyrwyd hirwyrth,
Mur nef gyda Mair fy nerth,
Gwawr ffydd, oni bydd Dy borth
20   Gwae ni Dduw, Gwynedd ddiwarth.

Nawdd, er a'n prynawdd o'r pren — dioddef,
    A thangnef Iôr nef nen
    O'r gair heb gyd, byd berchen,
24   Y Gŵr a fedd, Wynedd wen.

67   *Marwnad Gwenhwyfar*

Haul Wynedd, neud bedd, nid byw — unbennes
    Heb ennill ei chyfryw;
    Henw gorhoffter a dderyw,
4   Hoen lloer, hun oer heno yw.

Dygn ymyrraedd gwaedd, bu gwael — ym mylchlawr
    Roi mwyalchliw ddwyael
    Dyn aur a fu'n dwyn urael,
8   Deune haul wedd, heilfedd, hael.

141

Gwisgawdd llun cain, main maendo,
Gwasgrwym llawr ar ôl gweisgra;
Gwâr ddeurudd hoen gwawr ddwyre,
12 Gwydn oedd ym hirfyw gwedy.

Adeiliwyd bedd, gwedd gwiwder,
F'enaid, i'th gylch o fynor;
Adeiliawdd cof dy alar
16 I'm calon ddilon ddolur.

Treigl i'r galon hon, hoen geirw creignaint — glwys,
        Gloes alar ofeiliaint
    Tros orwyr deg traws Eraint,
20   Tristyd bryd brwyn, mwy no maint.

Gwaith blwng oedd echwng, och Wenhwyfar — deg,
        Dygn ynof dy alar,
    Glwysaf corff dan bridd glasar,
24   Gloes fawr, llawr llan, dwf gwan gwâr.

Gwn feinwas a las o loes hiraeth, — Fair,
        Farw eurgannwyll Bentraeth;
    Gwan yn ôl, gwenwyn alaeth,
28   Gwawn wedd, gwin a medd a'i maeth.

Ni roed ym myd, bryd bronllech,
Oerllawr dygn, eurlloer degwch,
Arail cwyn ar ôl cannoch,
32 Erddrym deigr, arddrem degach.

Tristyd a'm cyfyd cofion, llef — a deigr
        Am degwch trychantref,
    Can aeth i wlad tad tangnef,
36   A'm curiawdd, ar nawdd Iôr nef.

Echwng gwenlloer oedd oer ddoe
Ym maengist, fawrdrist farwdrai;
Aml gwedd yn ymylau gwae
40 Am ddyn doeth, em Ddindaethwy.

Llawer dyn, hydr elyn hoed,
Lliw bas ewynblas wenblaid,
Am fun dawel uchelwaed,
44   O drais Duw, a dristawyd.

Lle bu ra a gwyrdd, lle bu rudd — a glas,
   Neud gloes angau gystudd;
  Lle bu aur am ei deurudd,
48   Lle bu borffor, côr a'i cudd.

Gwisgwyd haul gwindraul ger gwyndraeth — Cyrchell
   Mewn carchar glasfedd caeth;
  Gwae ef, i gain nef gan aeth,
52   A'i carawdd rhag dig hiraeth.

Gwae fi, lwysgrair Mair, mawr y'm cyffry — deigr
   Am eurdegwch Cymry,
  Myned mewn argel wely
56   Meinir dwf is mynor dŷ.

Un a Thri cyfun, uthr y cyfyd
Gwayw trwy'r alarfron hon ar ei hyd;
Ymachludd hoen grudd, hun gryd — a'm dychryn,
60   Am falchliw ewyn glasdwfr rhyn rhyd.

Och hir ddir ddiffwys rhag pwys penyd
O'i dyfrys fer hoedl a'i diofryd;
Och aros unnos ennyd, — a'i maddau,
64   Angau bun olau, bu anwylyd.

Och ffêr Nêr nawradd, neu'm lladd lledfryd,
Galar Gwenhwyfar, gwn gŵyn hefyd;
Achos goglais trais tristyd — o farwddydd
68   Fy chwaer glaer glodrydd ni'm bydd bywyd.

Pan aeth, mau hiraeth herwydd trymfryd,
I glaer gaer Gybi fro, rhi rhoddglyd,
Llun difreg prifdeg yn ôl pryd — gwenwawr,
72   Llawer llef a gawr uwch llawr lleuryd;

Llawer och ym och, aml ddihewyd,
Llawer deigr uwch gran ger glan glasryd,
Llawer arraedd gwaedd, nid gwŷd — ei chwynaw,
76 A llafur wylaw, llif oreilyd.

Ni'm dawr, o hoen gwawr yn hun gweryd
Is glasgor mynor manon ei phryd,
Cwyn yw, can deryw ni'm deiryd — gortho,
80 Canlliw eiry gwenfro, cani bo byd.

Parthwyd fy nyn llwyd mewn llawr anghlyd,
Porth iddi fo Mair ddiwair ddiwyd;
Poen dost, pefr eurgost, ergyd — galar chwerw,
84 Rhoi yn rhwym irdderw lliw berw basryd.

Pallawdd ym ddisgwyl am hwyl hyfryd,
Pwyll nid mau o'i dwyn, gŵyn gymhlegyd;
Pall urael ydoedd cyn pell wryd — gro,
88 Dan ruddglo maendo meindwf cerddglyd.

Gwedy lloer Gymry, lliw eiry gymryd,
Bod bun yn hun hir, gwir na'm gweryd;
Rhyfel diargel a ergyd — ym yw,
92 Rhyfedd gan a'm clyw fy myw fy myd.

Er Dy goron ddrain, gain gedernyd,
A'th ddolur Fab Mair uwch crair creulyd,
Erbyn gymen wen, wynfyd — enrhydedd,
96 I'r wledd a'r fuchedd ddiafiechyd.

Neud afiechyd bryd a bryderir,
Neud wyf achul hoen, poen a'm perchir,
Neud afar galar, ni ry gelir,
100 Neud ofer hyder am hoedl drahir.
Ni'm doeth llawenydd eithr dydd dyhir
Am fun deg ei llun, lliw nyf gorthir.
Neud trwm farw rhiain gain a gwynir,
104 Neud trom anrhaith faith fyth nas gwelir.
Teg oedd cyn diwedd, daearfedd dir,
Y tâl dan aur mâl am ael feinir.
Lluniaidd a gweddaidd, gwiwddyn llawir,

108   Oedd hoen blaen gwelwgaen gweilging saffir.
      Diwair oedd a doeth, ddeddf goeth gywir,
      Hael o fewn urael yn euraw gwir.
      Trefnawdd hon arnawdd, cawdd nyw cuddir;
112   Tro'r iyrchell ymhell a gymhwyllir,
      Trafnidr tost gwingost gwengaer bapir,
      Trefnad oedd irad a ddiddorir.
      Truan yw gweled, trwydded trahir,
116   Trefnadau angau, angen ys dir.
      Lle bu cyn pallu, pwyll a hoffir,
      Sirig a syndal mal y molir,
      Lle bu fflwch degwch deigr a wylir,
120   A phorffor a rhudd neud grudd grodir.
      Rhyfedd yw o'm byw mewn byd enwir,
      Rhyfel dygn ar gam, pam y'm poenir?
      Ar ôl dirwyol y'm dirwyir
124   A ddirfawr gerais, gwenwyndrais gwir,
      Gwae ddig boenedig a benydir,
      Gwae angall fal dall a ry dwyllir;
      Gwenhwyfar wylwar a elwir
128   I drugaredd Duw draw a gerir.
      Minnau hyd tra fwyf clwyf a'm clywir
      Yn rhyfaddau hon, ni ryfeddir;
      Hithau, hoen gwendon lon don am dir,
132   Ei gloywdwf euraid a glodforir.

      Uchenaid fan, gelain deirran, galon dorri;
      Am Wenhwyfar gwn drais galar gan draws Geli,
      Am ddeg ei gwedd a haul Wynedd a haelioni,
136   Am ddiweirdeb, am loer wyneb aml rieni.
      Bardd hardd hirddysg, eurglyd addysg, arglod iddi,
      Bûm o'e chanmawl, fy nedwydd hawl, f'enaid oedd hi.
      Gwae ef ym myd o fewn penyd a fai'n poeni
140   Yn ôl bun deg, hoen morwaneg, henw mawrweini,
      Mygr windefeirn, milioedd a feirn mal ydd wyf i,
      Oedd grudd gwrel, cain a thawel cyn no'i thewi,
      Oedd drem decaf, cannaid adaf cyn no'i dodi
144   Ym mhell ddyfnfedd i dreiaw gwedd o dra gweiddi.
      Nid oedd bwyllfas i ddihunwas ddoe o'e henwi;
      Nid oedd anwiw, fath em eiliw, fyth ei moli;
      Nid oedd ryfedd, a chludfawredd ei chlodfori.

148 Och o'r gyfranc, gweled oerdranc gwiwliw Derdri,
Och o'r colled am ail Luned, em oleuni,
Och o'r trymfryd a llwyr dristyd fod llawr drosti.
Gwneuthost â'th was fawr alanas, Fair oleuni,
152 Gwisgaw rhiain is glaswe fain, ys gloeswae fi,
Gorchudd hoen blaen, gorlliw gwelwgaen gerllaw gweilgi,
Gwaneg loywder, gwynfrig aber, gwenfro Gybi.
Gwae a roddes, ac a'i colles, bryd eiry celli,
156 Arnai gariad o dro girad, mau dra gewri.
Mawrdduw dwyfawl, Mair i'th eiriawl a'r merthyri,
Er dy gystudd a'th hir gythrudd a'th ddur gethri,
Arail bryd nyf, aur eirgleddyf, iôr arglwyddi,
160 Dwg hon i'th wlad eton o'th rad, wyd Un a Thri.

LLYWELYN DDU AB Y PASTARD

68 *Marwnad Teulu Trefynor*

Gwae fi Arglwydd rhwydd, rhwyf goleuad,
Gweled mawr giwed fal môr gawad,
Gwirodau, gwleddau a gwlad — ar hwntan,
4 Cwhwfan truan yw eu troad.

Gwŷr heddiw yn wiw, yn weilch ffysgiad,
Gwaetgny yfory yn feirw heb wad;
Gwenwyn rent present, brysiad — yw arfaeth,
8 Waethwaeth hudoliaeth o'i hadeiliad.

Gwâr a'm câr a'm cên, fy rhên rheiniad,
Gwir hir mor ddyhir eu marw ddyad;
Gorddyfnais, mygais magiad — llwyth Cadfor,
12 Goror y glasfor a gâr gleisiad.

Gwedy Llywelyn hŷn, hy neirthiad,
Gwedy Gwilym lym, lys cynheiliad,
Gwedy, chwedl cenedl, cuniad — diogel,
16 Gwaed pensel Hywel, ddigel ddygiad.

Gwae a gâr na gwâr na gwyllt ffrystiad;
Gwawr tref ddieithr, nef tangnef, ein Tad;
Gwatwar cwbl gynnar cabl geiniad — dybryd,
20   Gwyd yw caru'r byd, hyd ehediad.

Gwelais wenllys falch, gwelais winllad,
Goror Trefynor, geirior gariad;
Gwelais wledd a medd a mad — wrhydri,
24   Gweilch ac aur llestri, gwesti gwastad.

Gwelai a'i gwelas, cedawlblas cad,
Gwelwon arwyddion rhyddion rhoddiad,
Gruffudd cleddyf rhudd, rhuad — cyflafan,
28   Fychan dariandan a'i diriondad.

Gwedy eu gweled, gwawd a gwiwlad,
Gwedy eu colli, rhieni rhad,
Gwae fi aros dros drefad — cy deced
32   Gweled llaes ciwed a llys caead.

Gwedy hyn, Duw gwyn, gwenwyn borthiad,
Gwedy byd breuawl a'i hudawl had,
Gwedy rhuthr goruthr, girad — pob cerddawr,
36   Gwedy nad oes awr heb fawr farwnad;

Gorau ynn geisiaw heb fraw, heb frad,
Gŵr a gynnail sail, seithradd prelad,
Gorfoledd gwinwledd gwenwlad — tragywydd,
40   Lle bydd hael llywydd haul a lleuad.

ITHEL DDU

69   *Cywydd y Celffaint*

Mal yr oeddwn, gwyddwn gur,
Ym min naint mewn anantur,
Mwy a'm gwnaeth mabolaeth bas
4   Neithwyr, mi ac annoethwas,

147

Y gwelwn gerllaw gwaelawd
Un o'r naint, oer iawn ei nawd,
Rhaid fydd ymgroesi rhag rhus,
8   Rhyw eilun gwŷr rheolus;
A chelu y llu llawngas
O'r gŵr rhag brawychu'r gwas.

"Aro", heb y gwas, "orig"
12   Wrthyf, hyn a dyf pob dig,
"Edrych, fy meistr lledneistro,
Er dy frys, ar gwr dy fro
Lle mae is y coedcae ceirch
16   Godremydd gwŷr ar drimeirch.
Mul iawn, Ithel, dy helynt;
Myn y Grog! gwŷr arfog ŷnt.
Mogel, da iawn y magud,
20   Mwy o serch y feinferch fud."

"Taw, druan, merf anian mil,
Lladd un onaddun, eiddil!
Minnau, da gwn ymannerch,
24   Er ei mwyn, deg orau merch,
A laddaf yn oleuddawn
Ddau neu dri yn ddinidr iawn."

Cyrchu'n gytun, ddeuddyn dda,
28   Yn union a wnawn yna.
Aruthr fu hyn o eryl
Yn eu plith, a chwith fu'r chwŷl;
Cof ar hawl cyfryw helynt,
32   Cyfeiriaw heibiaw ar hynt,
A phan ddoethom, loywlom lun,
I'r tyddyn oer at eiddun,
Oer oedd ynn, yr oedd yno,
36   Gan wynt drwg y sefynt dro,
Deufwy'r nos, difawr i ni,
Drallodd oer, drylliau deri.
Rhai'n eu gorwedd, hagrwedd hyll,
40   Rhin syfudr, rhai'n eu sefyll,
Heb frig na dail na'i eilun,
Na gwisg o risg am yr un,

Na gallel, dan gornel gau,
44 Onaddun fyth ddefnyddiau.
Canmlwydd oedden' hwy'n henflawr,
Crin goed, yn oes Crona Gawr.
Culion o ddelwau celwaith,
48 Celffaint meirw o henaint maith;
Coeges eu ffrwyth, ceugas ffriw,
Cyffion hudolion diliw;
Canŵyr a dyf drwy'r cownwellt,
52 Cwryglau, ffumerau mellt;
Llestri cacwn, llu astrwch,
Yn llawn ystlumiaid a llwch;
Methlwyd eu twf drwy'r meithlawr,
56 Mynych gwelwon moelion mawr;
Allmyn ŷnt oll mewn nentydd,
Ellyllon, gweddillion gwŷdd;
Coeg y'm gwnân' ar ddiddan ddydd,
60 Ceubrenni, caeau bronnydd;
Gwael iawn o lid, gwelwn lu,
Gwarrau hen sachau'n sychu;
Braen o goed breinig ydynt,
64 Breichiau gwag felinau gwynt;
Briw nawtwf wystn, braen natur,
Bwyaill y cyfaill a'u cur.
Bychan y cwynai Mai mwyn,
68 Irfedw ail, er f'adolwyn,
Eu bod yng nghanawl, hawl hoed,
Cefn gweilgi, cafnau gwelwgoed.

IOCYN DDU AB ITHEL GRACH

Cwrs Clera

70

Rhodiwr fydd clerwr, clau ei adlais,
Rhaid imi honni, hyn a gefais:
Rhyw oedd ym ymbil am bais — fotymawg
4 Fforchawg ddiflewawg, ddwy aflawais.

149

Rhai a ordderchai a ordderchais,
Rhag cael arnaf lwyg y tinhwygais;
Rhwygan fal gwylan y gwelais — Farred,
8   Rhag oedd ei hardded mi a'i hyrddais.

Yn y Marchwiail ydd adeiliais,
Ac yn y gwreiddiau y gwreiceais,
Ac yn y Mugarch y nugiais — dani,
12   Ac yn y Fferi offerennais.

Dros fynydd nodawl mi a neidiais,
Hyd yng Nghaerffawydd . . .
Ac yn nhŷ'r lliwydd y llewais — fy mwyd,
16   Ac yn Nyffryn Clwyd y cludeiriais.

Goruwch Clawdd Offa da y digonais,
Goris Aberryw dryw a drewais,
Dyrnawd graen â maen, y mae'n glais — a chlwyf,
20   Ni wn nas lladdwyf neu a'i lleddais.

Mawr neud wyf gerddawr, dioer a gerddais,
Mau fynegi i chwi chwedl o'r Cemais;
Myfyr yw gennyf, ciniewais — yng Nghaer,
24   Fi a mab y maer, fyrdaer fwrdais.

Pa les cyrchu tŷ? Nid da y medrais.
Pa lys ddiheilfrys ydd hwylfrysiais?
Pa le waethaf eirmoed y medrais — west?
28   Poen orchest rhyffest, ni mawrhoffais.

Neuadd a welwn, newydd antrais,
Niwlawg, cornawg, cornir wyndais,
Ac i honno tro treiddiais — o'm amwyll,
32   Llyna ddiw Ystwyll lle ydd ymdwyllais.

Pan gyfeisteddwyd ydd eisteddais
Ar lawr lle ni mawr hawddamorais,
A'r ystiward llys, llysais — ei arfer,
36   A'm rhoes gyda'r glêr a ddigerais.

Llyna gawn brynhawn yn nhŷ Wrlais,
Lle mawr newyn ddyn, ddydd y cyrchais,
Llai nog a hedai, a chwydais — drachefn,
A llym asgwrn cefn mi a'i cefais;

A llai no'm diawd, odlawd adlais,
Yn llawrudd o brudd, braidd na thegais;
Mawr oedd fy syched, pesychais — am lyn,
A mwy fy newyn, mi a'i naw-wais.

Ni wn pwy waethaf waelaf welais,
Ni ŵyr dyn yn llwyr llwrw y ceblais
Herwydd drwg a gwg a goglais — clerwr
I'r gŵr, i'r wraig hŵr hir ymwrddais.

Rhwy gorchest rhag gwest lle gwestais — yna,
   Anad lle a brofais;
Ni bu dduw, ddoe cyferchais,
Na westwn ar waster Sais.

Mae'r herlod? Cyfod, cais — ym f'esgidiau,
   Ysgadan a brynais;
Yfory'dd af Lanferrais,
O Fair, pwy a bair ym bais?

YR IUSTUS LLWYD

Dychan Arglwydd Mawddwy

I Dduw y diolchaf,
Dewin plant Addaf,
A'i ddoniau cwplaf, euraf eryr.

Caethed ym faerdy,
Coeth iawn yw hynny,
Fal cwthr iâr anhy yn eirina,

151

Gruffudd Iarll Mawddwy,
8   Groth hanner aerwy,
    Gwrid brân mewn burwy wrth hen bared,

    Grain llain llo truan,
    Groen hoen hen weinian,
12 Gyrrawdd fi allan, garrau ellyll.

    Gŵyr nid gwiw y fro,
    Gwarag aseth do,
    Gwyred llo yn ffo rhag dwy ffiol.

16 Gwäeg budrgengl rhawn,
    Gwywed henrhaw fawn,
    Gweddaidd yw ei ddawn, dilawn deulu.

    Gwarant ef ni eill
20 Er gware ereill,
    Gwyrawdd ei ddwygaill o eiddigedd.

    Gwe he hen ddyfrchwil,
    Gwain fain faw rombil,
24 Gwae a gais ymbil â'i gas henbeth.

    Gwŷd fryd, frys godech,
    Gwadd glaf, glun ffallech,
    Gwedd elech feinsech, drwg fu f'ansawdd

28 Gydag ef echnos
    Heb guder agos,
    Gedor brân wythnos wrth bren aethnen,

    Bûm yn dirwestu,
32 Baw a ddyn a fu,
    Bwa gwrych tradu, gwrach mewn troedawg.

    Yn llys Ruffyddyn,
    Llef cath mewn odyn,
36 Y'm llas o newyn ar llawr neuadd.

'Y nghroth loth letpai,
Yng Nghred nas llanwai,
Nid mawr y'm dygai y maer digelc,

40   Na bwyd na diawd,
Na medd na bragawd,
Da 'mawd yn wasawd dan ei weision.

Gruffudd ysgeler,
44   Groth efnys tryfer,
Gwddf amner maelier wrth glun milast.

Breiddfyw yw Gruffudd,
Ebrwyddfudr drabludd,
48   Bryd ffrwyn o goludd ei bengaled,

Brys brân yn corddi,
Braich adain eli,
Brwyd o grwyn dyfrgi gan adargwn,

52   Brenin cwm llygod,
Braidd fu ym ddyfod
O'r lle anorfod uwch Llanurful.

Pennaeth moel bendin
56   Heb gael pynnau gwin,
Pin wrth din yswîn heb osanau.

Gwedy 'mod noswaith,
Gwell myned ymaith,
60   Yn y llys diffaith gerllaw ystwffl,

Gwag oeddwn drannoeth
Yn gadaw'r cyfoeth,
Gwedd brân esgeirnoeth brin ysgornach.

64   Ysgornach, cotowrach ci,
Ys gŵyr newyn, hoenyn hwch,
Ysgwydd cylionyn isgell,
Ysgawd o fewn bargawd bwth.

TUDUR DDALL

72 *Neuadd Newydd*

Neuadd Hywel, hygel hegl,
Newydd-ddrwg, neud mwg a'i meigl,
Ys dorgaead, nid rhad rhugl,
Os derw ys diriaid na sigl,
Ys oerffyrch anhygyrch hogl,
Ys del drwy nen ei phen ffagl.

MADOG DWYGRAIG

73 *Awdl Gyffes*

Arweddais faswedd o'm gwedd a'm gwawd,
Orwacter llawer lliwiant ceudawd;
Arweddwyf fy rhwyf cyn rhwym cnawd — aruthr,
4   Cyn gloes o ddur uthr, cyn glas feddrawd.

Rhad ac ysbryd byd, bod yn barawd
Rhof ac eurgrair Mair, mawr gymhendawd,
Ym unffordd ar Dduw o'm anffawd — bynciau,
8   Boed mau fwrw beichiau o farw bechawd.

Traha a ostwng trahy ystawd,
Trosedd enwiredd yn anwarawd;
Tri a'n gwnaeth, fyd caeth, coeth ellyngdawd — lles,
12   Bylchu oedd eres balchedd Erawd.

Rhadlawn yw Mab Duw ac nid rhydlawd,
Rhoes bum synnwyr yn aml i'm gwarawd:
Camre calon, lon leindyd cnawd, — dwylaw,
16   Syniaw, gwarandaw pob gwiriondawd.

Traws ym prynu un fudd y Drindawd,
Troes bum oes er groes, gras bedysawd;
Gallu o yngder gellyngdawd — pobloedd,
20   Drud i'w wirnaf oedd dri diwarnawd.

Ffrwythlawn awyr llwyr, llwrw dynioldawd,
Ffrydiau sêr, sygnau yn neau nawd,
Ffrawdd gaeaf rhag haf, hyfawl ddefawd — hin,
24 Ffrwyth ffraeth egin, gwin, gwenith, pysgawd,

Daear ac adar, goedydd wasgawd,
Mynyddedd, dyfredd, Crist ni'n difrawd,
Nos a dydd, Dofydd dwfn bastawd, — môr, traeth
28 A wnaeth gynt no'r saeth saith niwarnawd.

Cyn hir annudd prudd pridd a thywawd,
Cyn hwyr ennill pill, pell ryfeddawd,
Cyn rhwymiad ddyad o ddiawd — gloesedd,
32 Cyn chwerwedd dyedd, dial meddawd,

Cyn anghyflym rym rhwymaw'r ddwyfawd,
Cyn anghyflwr gŵr mewn garw drallawd,
Cyn perigl fyned, cyn parawd — orwedd,
36 I gastellawl fedd ac ystyllawd,

Cyffes penyd hyd hydr ufudd-dawd,
Coffäu Iesu, ochaf oesawd,
Cwbl drosi buchedd dros bechawd — prydydd,
40 Caffwyf gerennydd cyn brwydrddydd Brawd.

RHISIERDYN

74 *Moliant Abad Aberconwy*

Fy rhwyf ger Conwy, gorau caniad — mydr,
Fy un enaid hydr, fy iawn ynad,
Fy nghed, fy nghired, fy nghariad — perffaith,
4 Fy maith fawr obaith, fy iôr abad,
Fy arglwydd moddlwydd, meddlad — wallawgyrn,
Fy ngwiw roddion chwyrn, fy ngwareddiad,
Fy mrawd ffydd, cynnydd medd, ceiniad — gerddawr,

8 　Fy nghynorthwy mawr, fy nghain neirthiad,
　　Fy nghartrefrwydd rhwydd, fy rhoddiad — diffael,
　　Fy ngwir gymorth hael, fy ngwawr geimiad,
　　Fy ngholofn diofn rhag dyad — lletpai,
12 　Fy nghynnwys a wnâi gan fy nghennad.

　　Gwawr llawr Maenan fawr mewn iawn fyriad — hawl
　　Gwedy heidiaw mawl gwawd ehediad,
　　Gweilging clod arfod, gwawl eurfad — heirdd-dai,
16 　Gwyliai fudd gwestai gan fodd gwastad.

　　Bedaf y'i barnaf, wyf beirniad — cyfiawn,
　　Barn a'i trosa dawn, Berned drwsiad,
　　Beuno bwyll didwyll, dodiad — anrhydedd,
20 　Balchedd berw fuddwledd y Berfeddwlad.

　　Rhydd ffydd, ffawd traethawd, nid truthiad — gogan,
　　Rhwydd iawnllythr gan rydd ddianllad,
　　Rheg deg dâl arial, rhwyf fyriad — ieithrym,
24 　Ry ddiengis ym rodd o'i angad.

　　Ieuan ŵr difan ar dyfiad — canllaw,
　　Iôn a barchai draw wyneb eirchiad,
　　Ener yw'n hyder, ein hoywdad — crefydd
28 　Â'r ddwysgannaid ffydd, aur ddisgyniad.

　　Llarieiddwyn ddillyn, llawn ddulliad — moesau,
　　Llwyddai gyhoedd lleu, llaw ddigaead,
　　Llyw byw berth mawrnerth, nid murniad — y gwnair,
32 　Llathrgrair lles barthair, lliaws borthiad.

　　Mawredd anrhydedd, un rhediad — Machraith,
　　Maith mynaich obaith, mwyn achubiad,
　　Myrdd gyrdd gael rhyhael, medd rhuad — beirdd dorf,
36 　Mawrgorf mygr wynllorf, magwyr winllad.

　　Celfyddgoel Girioel, agoriad — deall,
　　Cofion Dyfrig call cyfiawn difrad,
　　Campau cain hwyliau, cynheiliad — ciwdawd,
40 　Cymorth y Drindawd fo i'm ceimiad.

Cad geimiad difrad, rhad dyfrys — eirchiaid,
　　Aur enaid yr ynys,
　　Rhwydd wenllaw, rhydd ei winllys,
44　　Rhwyf pab, rhywiawg ddoethfab Rhys.

Ysbys hil Rys, heiliwr rhodd,
Ys boed fyw barch, esbyd fudd;
Amlwg yw, hoywlyw hywledd,
48　O'i gannaid bais ei gynnydd.

Cynnydd a'i dyfydd, cain dafawd — Bedaf,
　　Aml wybodus geudawd,
　　Cynnwys wŷr, cynnes wirawd,
52　　Cynnull ffydd, cannwyll y ffawd.

Cyflwydd ffawd, salm dalm dylwyth,
Cariadwawr byrddfawr beirddfaeth,
Cedyrn dud, cadarn a doeth,
56　Câr purffawd cywir perffaith.

SEFNYN

Moliant Angharad

Bryd ar olud byd o bydd — mawr ddodaf,
Brysiaf lle y gwelaf brys llu gweilydd;
Braint nef hun, adref hoen fadrydd — y caid,
4　Breiniawl hawl henblaid, gannaid gynnydd;
Braisg addurn difurn, neud ufydd — arfer
Brenhines haelder, gloywder gwledydd;
Brwysg fyddaf od af y dydd — y'm gwelo
8　Bro, aml yw yno ym lawenydd.

Prydaf a lluniaf i'w llonydd — falchdud,
Praw aelaw olud o'r sud y sydd,
Pêr ddatsain, coelfain celfydd — lafarwawd,
12　Parawd berth dafawd gan borth Dofydd;

Prif degwch dilwch eiry dolydd — cyn glaw,
Praw nwyf gyrf anaw nyf gorfynydd;
Priawd o oleuwawd eilewydd — hyfryd,
16   Pryd gem ar ddeufyd, gymar Ddafydd.

.   Gwawr gerddgar hwyrwar herwydd — adnabod,
Gorfod ar hoywglod, gwiw y rheglydd;
Gorhoffter llawer, medd llywydd — cerddau,
20   Geiriau aml fwriau ymleferydd;
Gwir gymwyll ei phwyll a'i ffydd — a'i champau,
Gorau ffurf brodiau gan ffyrf brydydd;
Gwared yw rhwydded y rhydd — o'i gwydrin
24   Gwin o'r llaw iesin i'r lluosydd.

Rhagores cares, cerydd — ni haeddai,
Rhai a'i rhyfolai, llawr hefelydd;
Rhag braint merch wynddaint, Wenddydd — wybodau,
28   O'r môr bu golau mawr bwygilydd;
Rhoddiad Angharad yng ngheyrydd — gwyngalch,
Rhieddawg dremwalch ŵylfalch elfydd,
Rhiain loyw firain, leferydd — gwastad,
32   Rhad hylwys blaniad, haul ysblennydd.

GRUFFUDD LLWYD AP LLYWELYN GAPLAN

76   *Marwnad Syr Rhys ap Gruffudd Ieuanc*

Anaml y chwardd bardd barwn,
Anhyfryd yw'r henfyd hwn.
O farw pen meistr niferoedd,
4   Syr Rhys, da bob amser oedd,
Iechyd na bywyd ni bydd,
DdigrifRys, mae'n ddeigr efrydd.
Gan ddilyw mawr gwn ddolur,
8   Gweled ei ddaered o ddur;
Daered Rhys oedd ei darian
A'i gledd o fflam awchddur glân
A llurig dromdew, glew glwyd,
12   A gloywlaif a gwayw glewlwyd.

Blaenaf wrth gyrchu fu fo,
Ac olaf pan fai gilio.
Nawmlwydd oedd Rys yn ymladd,
16   Neu lai pan ddechreuodd ladd;
Yn ddeuddengmlwydd y gwyddiad
Dorri pawl onn mewn dur plad;
Yn ugeinmlwydd, gwrantrwydd gwŷr,
20   Chwarae a wnâi â chiw eryr.
Pan y'th welswn, gwn gannoch,
Yng ngradd creulon ymladd croch
Ar dâl yr erw ym Merwig
24   Yn naddu dur yn nydd dig,
A Rhys fal dâr yn aros
Yn atal ffo'n neutal ffos,
Ni chyrchud, ni haeddud hedd,
28   Y cysegr er ofn casedd.
Pan y'th welais yn treisiaw,
Yn lladd estroniaid â llaw,
Ni chyrchud, gwiw ddilyd gwŷr,
32   Eilliwr brwydr, allor brodyr.
Cledd ni chad yng nghad ynghudd,
CynilRys lafn canolrudd.

Arfau fy eryr eurfwyn,
36   Ydd wyf amddifad o'i ddwyn.
Mae'n ddiffaith ymy faith fyw
Am ddur helm, am ddewr hoywlyw.
Gwae fi, brysur weiddi brys,
40   Weled dy ddaered ddewr-Rys
Yn arlleng brwydr anarllwys,
Offrwm dewr glwm a dur glwys.
Aeth march ail Llywarch i'r llan
44   Ag arfau, defod Gwrfan;
Ni roddid, pe byw llid Llŷr,
Y glaswelw i'r eglwyswyr.
Od â brawd troednoeth heb dawl
48   Ar orwydd gŵr eryrawl,
Da y gŵyr march Rhys, dewrfrys dŵr,
Ysgydio'r diesgidiwr.
Ni ŵyr march ymladd addwyn
52   Arfer y ffrier ar ffrwyn.

Och arfau am eich eurfur,
Hëyrn am dëyrn a dur,
Na ellir, gwaedd hir yw hon,
56 Nid da'r coel ond tor calon,
Eich lluddias, clod urddas clyw,
Yn rhydlyd, arfau'n rheidlyw.
Aed ei farch, mor ehud fu,
60 A gwayw esgud i gysgu;
Chwithau, gloyw arfau, a'i gledd,
A churas, ewch i orwedd;
Rhydwch, nac ymyrrwch mwy,
64 Ni rydewch gynt ar adwy.

GRUFFUDD FYCHAN

77 *Gofyn Telyn*

Prelad cyfarf braenarfaes,
Tew byr llwyd mewn tabar llaes,
Beth lle bai a dalai dalm
4 Yn absen llyfr wynebsalm?
Saer heb ddur fwyall ni saif,
O dda orchwyl ni ddyrchaif.
Eurych heb ddodrefn eraill
8 Ni ŵyr, ymwared ni aill.
Gof o bwyth dof, beth a dâl
Heb ei einion, hoyw benial?
Cael cyff'lybrwydd a wyddwn,
12 Cof rhwydd am y cyfryw hwn.
Beth, ddifyr felenbleth ddyn,
A dalai wawd heb delyn?
Ba ddelw gellir, wir warant,
16 Ganu'n deg onid gan dant?

Cenais, pan ryglyddais glod,
Cywydd sengl, cuddiais anglod.
"Rhisierdyn, fy nyn, ba wnaf?
20 Rhodiwr wyd, rhydaer adaf.
A wyddost, un bost i'n byw,
Llwybr cyfrwys, lle bo'r cyfryw

Iarlles ddigrif afrifed
24 Cerddau, crair telynau Cred?"

"Gwn, o chaf obr ac ennill,
Gweddai'n bur, gwŷdd ywen bill,
Y mae gyda'r arglwydd mawr,.
28 Milwr pedrydog Maelawr."

"Taw, mi a'i hadwaen, raen rin,
Od adwaen ŵr diowdwin,
Y rhi mau, gorau o'r gwŷr,
32 Rhyswr taer, Rhisiart eryr,
Cwrs gwaedlew, carw esgudlym,
Cryfder Syr Rosier a'i rym,
Fy maeth, ehelaeth hoywlyw,
36 Fy most erioed, fy meistr yw,
Fy mur draw a'r llaw yn llawn,
Fy modur rhisgddur rhwysgddawn,
Fy mur glyngur galongael,
40 Mab o faswedd, hoyw-wedd hael,
Gyrr â'r gwst, grydwst ar grwydr,
Gwas paladrfras pelydrfrwydr,
Gwrdd ei ras, gwehyrdd ei reg,
44 Gŵr, diwreiddiwr deuruddeg.
Lledwr ydyw o llidir,
Llydan ei darian a'i dir.
Drythyll fûm yn ei drithai
48 Ar ddeg, llys deg llios dai."

"Draw y mae iddaw, meddant,
A'i osgordd dug, oes, gerdd dant;
Telyn, ni bu a'i talai,
52 Deirtud, nid mud yn oed Mai,
Gorysgwr rhwng gŵr a'r gorf,
Gem ysgithrlem ysgythrlorf,
Salm o hen gof llyfr Ofydd,
56 Sawtring uwch no gwyrddling gwŷdd.
Da y cân, dieuog gerdd,
Diau bynciau dau bencerdd.
Y ceisiad, gennad gynnwys,
60 Câr dy barch, cywir dy bwys,

161

Cyrch d'obr, os ti a'i gobryn,
Canau aur dannau ar dynn.
Annerch, na wad gennad gwawr,
64   Eurgledd mil, arglwydd Maelawr,
Brëyr gwingael yn ael nos,
Brenin hyddgannoedd brwynos,
Braisg fragad tromgad trymgawdd,
68   Rhisiart teg, rhoes ei aur tawdd.
Gruffudd gynt, a'i hynt oedd hyn,
Maelor a rôi aur melyn;
Rhisiart, nid gwaed rhy isel,
72   Gwedi yntau biau'r bêl.
Anfoned merch arffed medd
I ganu i wŷr Gwynedd.
Anfonaf, urddaf erddaw,
76   Ei glod hyd y rhywlych glaw.
Enwi ei mawl, iawn ym oedd,
Arglwyddes aur ei gwleddoedd,
Annerch gennyf, nac annod,
80   Leucu deg, liw cawod ôd,
Dedwydd wawr blygeinddydd wedd,
Dewis gwraig, dwywes gwragedd.

GRUFFUDD LLWYD

78   *I Owain Glyndŵr*

Byd dudrist, bywyd hydraul,
Ydyw hwn hyd y daw haul.
Llawn yw, ac nid llawen neb,
4   A llonaid y naill wyneb
O dda i rai nid oedd raid;
Aml iawn gan y mileiniaid
Ariant ac aur, ni roent ged,
8   A golud, byd gogaled;
Cymry rhag maint eu camrwysg,
Cenedl druain fel brain brwysg,
Gallwn, nid erfyniwn fudd,

12   Eu galw yn gallor goludd.
      A fu isaf ei foesau
      Uchaf yw, mawr yw'r och fau:
      A'r uchaf cyn awr echwydd
16   Isaf ac ufuddaf fydd.
      A fu dincwd, hwd hudawl,
      Y sy bencwd, tancwd diawl;
      Myned yn weilch bob eilchwyl
20   Mae'r beryon culion cwyl;
      Hyn a wna, hen a newydd,
      Y drygfyd. Pa ryw fyd fydd?
      Methu y mae y ddaear
24   Hyd nad oes nac ŷd nac âr.
      Cadarnaf blaenaf un blaid
      O fryd dyn fu Frytaniaid,
      Adgnithion wedi cnithiaw
28   Ŷnt weithian, cywoedran Caw.
      Tri amherodr tra moroedd
      A fu onaddun', un oedd
      Brenin brwydr, Brân briodawr,
32   Brawd Beli camwri mawr.
      Cystennin a wnaeth drin draw,
      Arthur, chwith fu neb wrthaw.
      Diau o beth ydyw bod
36   Brenhinoedd i'n bro hynod,
      Bum hugain ar Lundain lys,
      Coronog, ceirw yr ynys.
      Oes farchawg urddawl, hawl hy,
40   Trais ac amraint, tros Gymru,
      Ond Dafydd, uswydd aesawr,
      Ustus a meddiannus mawr,
      O Hanmer, llwydner llednais,
44   A Grigor, ail Sain Siôr, Sais,
      Er pan estynnwyd rhwyd trin
      Gwayw ufelfellt gafaelfin,
      A phensel Syr Hywel hoyw
48   Air Otiel, aur ei otoyw?
      Bu amser caid blinder blwng
      Anystwyth cyn ei ostwng.
      Lle profed gerllaw Profyns,
52   Llew praff yn gwarchadw llu pryns;

Diwedd farchog, deddf orchest,
Dewredd grym, dur oedd ei grest,
O hil Ednowain hoywlyw
56 Hyd yr aeth ei had a'i ryw
Ni bu genedl ddiledlyth
Heb adu neb yn y nyth
A gwarthol loyw, os hoyw swydd,
60 Oreuraid ar ei orwydd.
Pa un weithion, pan ethyw,
Piau'r swydd? parhäus yw:
Owain, mael ni wn i mwy,
64 Iôr Glyn daeardor Dyfrdwy;
Arglwyddfab o ryw gwleddfawr
Sycharth cadfuarth ced fawr.
Henyw, hen ei ryw erioed
68 Er cyn cof a'r can cyfoed,
O Gymro, fam dinam dad;
Gwisgo wrls ac ysgarlad,
A harnais aur goreuryw,
72 A gra mân, barwn grym yw.
Os iach a rhydd fydd efô,
Ef a ennill, pan fynno,
Esgidiau, gwindasau gwaisg,
76 Cordwalfrith, carw diwylfraisg,
Yn ymwan ar dwrneimant
Yn briwio cyrff, yn bwrw cant;
Eistedd a gaiff ar osteg
80 Ar y bwrdd tâl, byrddaid teg;
Anneddf a cham ni oddef,
Ymysg ieirll ydd ymwaisg ef.

79 *Marwnad Rhydderch*

Y dydd y lluniwyd Addaf
O bridd noeth yn obrudd naf,
Duw Dad ym mro Baradwys,
4 Dylai glod dan adail glwys,
Elw dengnaw aelaw dangnef,
A'i law a wnaeth ei lun ef,
Yn dad i ni, iawndad nawdd,

8   Yn deg, ac a'i bendigawdd.
     Trywyr gynt o'r helynt hawl
     O'i bryd a fu briodawl;
     Tri o'i ddoethder, brywder braw,
12   Tri o'i nerth, trewyn' wrthaw.
     I'n oes, ni bu yn oes neb,
     E' ddoeth un o'i ddoethineb,
     Ac o'i nerth, ef fu'n gwiw nawdd,
16   Ac o'i bryd, gwae a brydawdd!
     Campau Addaf gwplaf gynt,
     Ar Rydderch oll yr oeddynt.
     Prid oedd arwain ein pryder,
20   Paun y glod, pennwn y glêr.
     Gwn na wnaeth, gwae ni neithiwyr,
     Paentiwr balch ar galch neu gŵyr,
     Llun gŵr, a'i roi'n llawn o ged,
24   Na delw cyn brydoled.
     Ymysg gwŷr ymysgaroedd
     Lles y gerdd, lluosawg oedd.
     Tâl addwyn i'm teuleiddwalch,
28   O goel gwiw, a golwg gwalch.
     Deurudd oedd i'r mawrNudd mau
     Lluniaidd iawn, llawn o ddoniau;
     Ac ufudd bwyll a gofeg,
32   A genau doeth a gwên deg.
     Saith ddoctor o fewn côr cain
     A rifwyd gynt i Rufain;
     Wythfed, aeth o'n saeth a'n sôn,
36   Fu Rydderch fwya'i roddion.
     Cariad drud ymlaen cwr trais
     Ar Rydderch gynt a roddais;
     Y cariad hwn, gwn nad gwâr,
40   A dyfodd yn edifar.
     Merddin wawd mawrddawn ei wedd
     A ddywed yn ei ddiwedd,
     Gair drud i mewn gwir a drig,
44   Wrth Wenddydd araith wanddig, —
     "Rhaid i bawb er hyd y bo
     Gwir ddiofrydu a garo."
     Mam y boen, mae i mi beth,
48   Brig yw, gan mwya'r bregeth;

Bwrw cariad dibrocuriwr
Erioed a wneuthum ar ŵr;
A'i faddau fyth, ufudd fawl,
52   Yn unawr fer anianawl.
Budd mawr bu im o'i lawrodd,
Byth nis maddeuwn o'm bodd.
Gan osod o'r seithglod serch
56   Y pridd ar wyneb Rhydderch,
Piau y farn? Pwy a fydd
Brawdwr cyfiawn ar brydydd?
I ddail oedd neges i ddyn
60   Roi dwylaw mwy ar delyn?
Girad oedd golli gwarant,
Gorddwyodd Duw y gerdd dant.
Wythrym dadl, ieithrym didwyll,
64   Athro i bawb, uthr ei bwyll:
Capten mad, ceimiad cymen,
Cyfraith drwy bob iaith o'i ben;
Cynddelw lwyth, cawn dda o'i law,
68   Caf o'i ôl cof i wylaw:
Cynnwr trin, porthwin a'n parth,
Cannwyll disbwyll a dosbarth;
Cwmpas swydd fas y sydd fau,
72   Compod y gerdd a'r campau,
Capelau saint, cwplau serch,
Cwplaf er Addaf Rhydderch.

80   *I Hywel ap Meurig Fychan*
      O Nannau a Meurig Llwyd
      Ei Frawd

O Dduw, ai pechod i ddyn
Er mawl gymryd aur melyn?
Da ydyw'r swydd, daed â'r sâl,
4   Os Duw ni ddengys dial.
Ai rhydd cael o law hael hir?
Rhydd a dibech o rhoddir.

166

Liwsidariws wiwdlws waith
8 A ddywod ymy ddwywaith
Y mae baich ym o bechawd
Oedd brydu a gwerthu gwawd.
Mefl i'w gadarn farn efô,
12 Eithr nad unaf i athro,
Can ni wn i, cwyn yn oedd,
Pa awdur, neu pwy ydoedd.
Paham y bwriai amorth
16 In o bell, oni wnâi borth?
Dan bwyth nad anobeithiwyf,
Nid un o'r glêr ofer wyf:
Nid wyf ry ddifoes groesan,
20 Nac wyf, a mi a wn gân.
Hefyd nid wyf, cyd bwyf bardd,
Bastynwr ffair, bost anardd.
Ysbryd Glân a'm cyfyd cof,
24 Difai enw, a dyf ynof.
Hwn a lestair, f'eurgrair fydd,
Brad yn erbyn ei brydydd.
Mawr yw rhadau llyfrau llên,
28 Rho Duw, nid llai rhad awen.
Awen a rydd o iawn ras
Duw â'i law i'w deuluwas,
Obrudd i fardd, ebrwydd fawl,
32 I brydu cerdd briodawl;
Minnau heb gêl lle delwyf,
I rai da bardd erioed wyf.
Meibion, cawn eu rhoddion rhydd,
36 Meurig cain, Mair a'u cynnydd!
Cael ganthun', wiw eiddun wŷr,
Aur a wnawn, ŵyrion Ynyr;
Gorŵyrion a'm goreurynt,
40 Gwên goeth a roddai'r gwin gynt.
Hanoedd eu mam, ddinam ddawn,
O dëyrnedd Edeirniawn:
Glân o lin, goleuni lamp,
44 Gwawr y Rhug, gwir oreugamp;
Gorŵyr Owain, liwgain lorf,
Brogyntyn, briwai gantorf.
Urddasant am foliant fi

167

48   Ar eu gwleddoedd, arglwyddi.
        Hywel ddifeth, hael ddefawd,
        Meurig wych, wyf maer eu gwawd.
        A roddo ym o'r eiddaw,
52   Hywel o'i lys, hael ei law.
        Di-brid y daw i brydydd
        Dyfr foes, diedifar fydd,
        O dda, ei awenydd wyf,
56   Meurig Llwyd a gymerwyf.
        Llywia'i geraint, llu gwrol,
        Llawen wyf, nis llywia'n ôl.
        Uchel iawn, gwirddawn i'r gwŷr,
60   Yw haelioni hil Ynyr.
        Achub y graddau uchaf,
        Un feddyliau fy nau naf.
        Aur yw fy hwyl ar fy hynt,
64   Adar Llwch Gwin ym ydynt.
        Yno mae'r eurweilch einym,
        Uwchlaw'r graig, uchelwyr grym.
        Y graig a elwir i gred,
68   "Gradd o nef," grudd yn yfed:
        Bwriais glod barhäus glau
        I nen y graig o Nannau.
        Diau y gyrrai'r garreg
72   Ym aur tawdd am eiriau teg;
        Cyfnewid, heb fawrllid fydd,
        A wnaf â haelion ufudd.
        Rhwydd ymy rhoi hawddamawr,
76   Trysor ym oedd, tros aur mawr;
        A rhwydd i minnau rhoddyn'
        Yr aur braisg ar oror bryn.
        Dibech ym gael pan dybiwyf
80   Da dros da, dyn didrist wyf.
        Cael aur gan feibion Meurig
        Ydd wyf heb unawr o ddig.
        Cefais eu rhoddion cyfa,
84   Cânt gan eu prydydd dydd da.

Marwnad Hywel ap Meurig Fychan

Herwydd enw, hir ddaioni,
Hu Gadarn a farn wyf i;
gŵr heb gyfar ag arall
4   gynt a gynhaliodd yn gall,
aur enaid oedd i'r ynys,
o log ei aradr i'w lys.
Ei aradr oll a eurawdd
8   a'i ieuor teg o aur tawdd.
I minnau'r oedd ymannos
ym maenor glaer, mynor glos,
ar Wynedd bu arynaig,
12   aradr cryf ar odre craig
a deugarw garedigion
ym yn aredig brig bron.
Aur angerdd ffordd y cerddynt
16   o dir Meiriawn a gawn gynt.
Cael wrthyn', geirw cyfun cu,
a wneuthum i luniaethu.
Ni wnawn arnaf o drafael
20   gyfaru mwy no Hu hael;
pell o'm bryd, wryd Arwy,
mynnu eu gwahanu hwy.

A mi'n myned, wiwged waith,
24   i gael elw o'u galw eilwaith,
gorwedd un, dygn anun dig,
doeth ofn, o'm dau eithefig;
Bwrw pen yr iau ddeau dda
28   i lawr ar unawr yna.
Marw Hywel, frwydr ryfel frig,
gwnaeth ym hiraeth, Amheurig.
Gwae gant am eu gwarantwr,
32   gwae Wynedd gorwedd o'r gŵr.
Ymysg y medd a'r gwleddoedd
a'r gwin ynghynefin oedd,
a mynnu sôn ymannos
36   a gorwedd yn niwedd nos.
Haws ganthaw, eiriawl mawl mad,
lawlaw, anian Eliwlad,

eistedd, gwiw anrhydedd gwawd,
40 deirnos a thri dïwrnawd
na gorwedd, enwog eurwalch,
unawr byth, hil Ynyr balch.

Ar rudd ei fardd cystuddlef
44 arwydd yw ei orwedd ef.
Pwy a gaf — piau gofal? —
pwyll dig, arwyddion pell dâl,
i Feurig, wynfydig fydd,
48 i roi awen ar ieuydd?
Byth ni chaf, araf eiriau,
yr un i gynnal yr iau.
Pan orweddawdd, gawdd guddfa,
52 blaenawr yr arddatgawr dda,
pawb y sydd cyn hirddydd haf
yn dirnad orfod arnaf
prynu fy mwyd, breuddwyd braw,
56 a'm dillad, mau ymdwyllaw.
Ai gwiw mwy, mae gwayw i'm ais,
gofyn y byd a gefais?
Pêr dâl i'w feistr pur duloyw,
60 pan ddêl caf ym Hywel hoyw.
Rhyfeddawd, bradychwawd bron,
ym fy nghoel am fy nghalon:
pe bollt o dderw heb hollti,
64 pe darn o haearn fai hi,
be pres ohoni bob rhan,
be dur, nad âi'n bedeirran.

82   *I Ddanfon yr Haul i*
        Annerch Morgannwg

Yr haul deg, ar fy neges
Rhed ti, cyd bych rhod y tes.
Teca' planed yn rhedeg
4 Ar helw Duw wyd, yr haul deg.
Sul enw, ddisalw oleuni,
Siwrnai faith yw dy daith di,
O ddwyrain, wybr harddlwybr hin,

8   Gorau lliw, i'r gorllewin.
       Llawn o ras y'th gwmpaswyd,
       Llewychu y ddeutu'dd wyd;
       Dy lewych, myn Duw lywydd,
12   Ar hyd yr holl fyd a fydd.
       Tra da haul, trwy dy hoywliw
       Y cad i'r lleuad ei lliw;
       Rhôl y gamp, rhywel gwmpas,
16   Rhod gron, fawr ei rhad a'i gras.
       Em loywne am oleuni,
       Amherodres tes wyt ti.
       Goroff blaned a garaf,
20   Gwyn dy fyd ar hyd yr haf
       Dy fod uwch, lle difai dydd,
       Ben holl Forgannwg beunydd.
       Dinag bobl doniog bybyr
24   O dir Gwent lle mae da'r gwŷr,
       Hyd, lle medry ehedeg,
       Glyn Nedd, bro teÿrnedd teg.
       Erof haul, araf hoywlen,
28   Na ad ar y winwlad wen,
       Na rhylaw, er pydiaw pynt,
       Na rhew gormodd, na rhywynt,
       Na gwenwyn sygn, na dygn dig,
32   Trwy goed, nag eiry trigedig,
       Na chorwynt o bellynt bill,
       Na chrwybr yn nechrau Ebrill.
       Arwain di, oroen y dydd,
36   Bennwn Morgannwg beunydd,
       A phrynhawn lawn oleuni
       Ymwŷl i'm emyl â mi.
       Od ei dan wybren heno,
40   Llen fraisg, yng ngorllewin fro,
       Dull mawr cyfanheddlawr cain,
       Dyred drachefn i'r dwyrain:
       Ymddangos erof, cof certh,
44   Yn entyrch wybr cyn anterth.
       Dos ar fy neges a dwg
       Gennyd i wŷr Forgannwg
       Dyddiau da, orseddfa serch,
48   I gennyf fi ac annerch.

Tro, dy orchymyn nid rhaid,
Cylch y neuaddau calchaid;
Hynod gan Dduw dy hanes,
52 Hebrwng drwy'r gwydr terydr tes;
Cyrch bob man o'r cyfannedd,
Coed a maes, lle caid y medd;
Pob plas, teg yw'r cwmpas tau,
56 A'r llennyrch a'r perllannau;
Pa ryw wlad? Goleuad glwys,
Prydydd a'i geilw Paradwys,
Cornel ar gyfair Cernyw,
60 Cyntedd gwin a medd im yw,
Lle gware llu a gwerin,
Lle da gwŷr o'u llydw a'u gwin;
Lle seinia lliaws annerch,
64 Lle dewr mab, lle diwair merch;
Lle hawdd i brydydd, llu hoyw,
Gweled, ddiwrnod gwiwloyw,
(Goreufeirdd a'i gwir ofyn)
68 Gwraig wych yn gwisgo gra gwyn;
Rhof enw gyda rhwyf hinon,
Arlwyau teg, i'r wlad hon,
Ar y gair o wir gariad,
72 "Iarlles, arglwyddes pob gwlad!"
Be bai o gred i bawb gri
Na bai rydd i neb roddi,
Ni fedrai, fwnai fanag,
76 Neb o Forgannwg roi nâg.
Bei caeth i fardd bywiog gân
Y byd oll a bod allan,
Ef a gâi, heb ofwy gwg,
80 Ei gynnal ym Morgannwg.

83 *Moliant i'r Drindod*

Credu 'dd ydwyf, cred ddidwyll,
I Dduw Tad, lle ni ddaw twyll,
Ac i'r Ysbryd, gyd gadair,
 4 Ac i'r Mab, modd y gŵyr Mair.

172

Un yw hwn, iawn i'w henwi
Yn iôn athrawon, a Thri.
Y Tad, o'i rad yr ydoedd,
8 Caf ei ras, cyn cof yr oedd.
Aml oedd clywed, os credwn
Mai'r Ysbryd hefyd yw hwn
Glân a gad yn anad neb
12 O enau Duw a'i wyneb.
Pan ddoeth o'r nef, lef lafar,
Ar lun aderyn gwyn gwâr,
Mawr oedd ddadl, mawredd ddidaer,
16 Ym mirain glust morwyn glaer.
Yna 'dd aeth o'i ddaioni
Yn Un draw ac yn iawn Dri,
I aros rhyfel gelyn,
20 Yn wir Dduw ac yn wâr ddyn.

Rhai ni wŷr, weddeiddlwyr wawd,
Para drend, pwy yw'r Drindawd;
Mi a'i gwŷr, mau ei gariad,
24 Pan nas gwn, poenau nis gad;
Y carw a ddichon arwain
Osglau ei gyrn, ysgol gain;
Teilwng dâl gynnal gennyf
28 Teg ac ardderchog y tyf;
Tair osgl breiniawl hawl hylwydd
O'i flaen cyn hanner ei flwydd,
Ac un corn main, gain gynnydd,
32 Erioed yw hwn ar iad hydd.

Mal unrhyw fodd, mawl anrheg,
Yw'r un Duw â'r ywen deg.
Gwraidd sydd i'r pren gwyrennig,
36 A braisg addwyn gorff a brig,
Ac anrheg serch ac iownryw,
Ac un pren hyd y nen yw.

Magwyr lân, mygr oleuni,
40 Mawr yr ymddengys i mi
O len lefn hoywdrefn hydraul,
O wydr hirion belydr haul;

173

A'r llen a'r dröell honno
44 Yn gyfan achlân ei chlo.
Haws fu i'r un Duw no hyn
Ym mynwes gwyndw meinwyn
Anfon ei ysbryd iawnfaeth
48 I Fair, fel rhoi mab ar faeth;
Gabriel o radd gyfaddef
A wnaeth drwy arch Duw o nef
Anfon i Fair Air arab,
52 A'r Gair aeth i Fair yn Fab:
A'r Gair oedd hawdd ei garu,
A'r Gair mab i Fair a fu:
Gair o nef yn gâr i ni,
56 Gwir fu gael, gorfu Geli.
Dechrau efengyl Ieuan
O fodd glwys a fu, Dduw glân,
A'r Gair o'r dechrau a gad,
60 Duw fu'r Gair, difyr gariad.
Teg fu ei alw, di-salw sôn,
Tri ac Un trwy y ganon.
Yna y rhoed heb oedi
64 Coron o nef i'n câr ni,
Am nad oedd, amnaid addef
Bron don, un brenin ond ef.

Eiddun gof, addwyn gyfoeth,
68 Addolwn ni i'w ddelw noeth.
Y mae'n y llan diannod
Y Sul glân, disalw ei glod,
Ei lun, gwae a wnêl yno
72 Amau fyth, fel y mae fo,
Yng nghôr, lle mae fy nghariad,
Y Trallwng, teilwng yw'r Tad:
Y Mab a'r eang dangnef,
76 A'r Ysbryd i gyd ag ef;
A'r nos er dangos dawngamp
Mewn ei lys, mae yno lamp;
Y dydd drwy oriau diddan,
80 Mae gwŷr a chlych mygr achlân, —
Brodyr a gân Baradwys,
A chôr glân a chwyrau glwys.

Pam mae'r organ yn canu,
84 Beunydd er llawenydd llu?
Er mwyn y Mab a'r aberth,
A'r Tad a'r Ysbryd cyd certh;
Mal y dywaid, lathraid le',
88 Loyw deitl salm *Laudate.*

Tympanau côr, tannau teg,
A'i mawl ef drwy aml ofeg,
A'r sêr a'r nifer nefawl,
92 A'r môr a'r ddaear a'i mawl;
A'r pysgawd, ufudd-dawd fydd,
O'r dwfr, molan' eu Dofydd.
Ymarfer a wna morfeirch
96 O foli hwn, fel y'u heirch;
Difwyn i ddyn ei dafawd
O ferw gwyllt i fwrw gwawd,
Oni fawl, eiriawl eurog,
100 Ei fawr grair a fu ar grog.
Ni bu, nid oes, oes ysbryd,
Heb y Dofydd, ni bydd byd.
Gwn na chaf yn ymrafael
104 Dim heb hwn, Duw a Mab hael,
Na cherdd iawn uniawn ynof,
Na chorff, nac enaid, na chof,
Na thro tyb, na throed heibiaw,
108 Na throad llygad, na llaw,
Na gorsedd nef, na gwersyllt,
Na daear, na gwâr, na gwyllt,
Nac ennyd hoedl, nac einioes,
112 Na dim i'n heiddo nid oes.

Nodiadau

GRUFFUDD AP DAFYDD

1. *Cwyn Serch*

Mae'r gerdd hon yn seiliedig ar y syniad confensiynol yn y canu serch fod oerfelgarwch y ferch yn lladd y bardd. Cawn araith gan y bardd mewn achos llys yn erlyn y ferch am ei lofruddio, ond mae amddiffyniad cwbl ddigonol ganddi hithau, sef fod y bardd yn dal yn fyw wedi'r cwbl. Ceir rhywfaint o gymorth i ddyddio'r gerdd gan y manylion yn araith y bardd. Honnir i'r ferch ei ladd yn yr unfed flwyddyn ar ddeg o oed y brenin. Os at y brenin Edward I y cyfeirir, cawn 1283 fel dyddiad achlysur y gerdd. Os Edward II yw'r brenin, yna 1318 yw'r dyddiad. Mae'r cyfeiriad at Lywelyn y Llyw Olaf, 'naf a gollais', yn ei lys yn Abergwyngregyn yn awgrymu i mi mai'r dyddiad cynharaf sy'n gywir, ond rhaid dyddio'r gerdd ei hunan ychydig yn ddiweddarach beth bynnag, gan fod sôn ynddi am sir Gaernarfon, a grewyd gan Statud Rhuddlan yn 1284.

18. *breiniawg Cemais*: arglwydd cantref Cemais ym Môn. Ceir ymadroddion cyffelyb yng ngherddi'r Gogynfeirdd yn cyfeirio at dywysogion Gwynedd, ac fe ymddengys fod y bardd yn defnyddio hen deitl yma i ddisgrifio brenin Lloegr, am ei fod ef wedi gorchfygu Gwynedd.

20. Cysegrwyd Abergwyngregyn i ryw S. Bodfan.

25. *Dôn*: mam Gwydion ac Arianrhod ym mhedwaredd gainc y Mabinogi. Arfon oedd ei thiriogaeth.

26. *dreigiau Emrais*: sef y dreigiau a fu ynghladd dan Ddinas Emrys yn ôl y chwedl am Wrtheyrn.

52. Twyllodd Uthr Pendragon Wrlais er mwyn cael cysgu â'i wraig, ac felly genhedlu Arthur.

IORWERTH BELI

2. *I Esgob Bangor*

Mae'n debyg fod y gerdd hon yn annerch Anian Sais, a fu'n Esgob Bangor 1309-27. Cwyno y mae am y croeso a roddir i gerddorion rhagor beirdd yn llys yr Esgob, a chyfeirir at y parch a fu i feirdd mawr oes y Tywysogion.

27.   *eigion*: ffurf amrywiol ar *igion*.

28.   *cau*: enw yma, 'ceudod'. Ar y delyn ledr gw. *LlC*, 6, 163-64.

29-40.   Ar y chwedl hon am Faelgwn Gwynedd yn croesi o Arfon ('tir mab Dôn', sef Gwydion) i Fôn i wledd yng Nghaer Seon (= Aberffraw?) gw. trafodaeth Brynley Roberts yn *AH*, 318-22.

GWILYM DDU O ARFON

3.   *Awdl y Misoedd*

Roedd Syr Gruffudd Llwyd yn uchelwr pwerus a fu'n gwasan-aethu'r Goron yng Ngwynedd yn nheyrnasiad Edward II. Pan fu hwnnw'n garcharor yng nghastell Rhuddlan yn 1316-18 y canodd Gwilym Ddu yr awdl hon (cymh. cerdd Casnodyn i Wenllian, gwraig Syr Gruffudd, rhif 5).

17.   *Ar y gledd*: ar y llaw chwith.

43-46.   Cyfeirir yma at ddau o'r Cynfeirdd na wyddys dim amdanynt bellach.

CASNODYN

4.   *Moliant Ieuan Llwyd*

Roedd Ieuan Llwyd ab Ieuan ap Gruffudd Foel o Lyn Aeron yn ei flodau 1332-43. Ei fab ef oedd Rhydderch, perchennog y Llyfr Gwyn a gwrthrych rhifau 58 a 79 yn y casgliad hwn. Roedd y bardd Ieuan ap Rhydderch yn ŵyr iddo, felly diddorol yw nodi'r pwyslais ar ddoniau barddol Ieuan Llwyd yma.

60.   Roedd Eliffer Gosgorddfawr yn fab i'r Gorwst y cyfeirir ato yn 55 uchod.

61-64.   Ergyd yr englyn hwn yw fod Ieuan yn cyfuno nodweddion tri chymeriad enwog o'r hen drioedd, sef cryfder Ercwlff (Hercules) a doethineb Selyf a haelioni Rhydderch.

5   *Moliant Gwenllian*

Gwraig i Syr Gruffudd Llwyd (gw. rhif 3 uchod) oedd Gwenllian ferch Gynan o linach tywysogion Deheubarth. Dengys llau 19-20 fod yr awdl hon yn perthyn i'r cyfnod pan oedd ei gŵr yn y carchar yn 1316-18. Mae'r bardd yn anfon ceffyl yn llatai o Forgannwg i lys Gwenllian yn Ninorwig. March Gwalchmai oedd *Cain Galed*, a Bucephalus, march Alexander Fawr, yw *Bugethal*.

6.   *I Awd*

Cerdd serch yw hon i ferch o Ddyffryn Tywi, bro Rhys ap Tewdwr (ll.2).

23, 49. *Rhyawd*: gw. *TYP* 497-98. Mewn cerdd serch arall dywed Casnodyn ei fod yn dioddef 'poen Rhyawd', ond ni wyddys dim am y chwedl hon.

25. *a le*: y ferf *lleaf*, 'darllen', sydd yma.

53. *seiliawd*: hen ffurf ferfol 3 un. dyfodol yw hon.

GRONW GYRIOG

7. *Marwnad Gwenhwyfar ferch Fadog*

Ceir tystiolaeth fod Gronw Gyriog yn dal tir yn Llaneilian ym Môn yn 1317. Mae gwrthrych y farwnad hon yn anadnabyddus, ond gwelir iddi gael ei chladdu ym mhriordy'r Ffransisgiaid yn Llanfaes.

HILLYN?

8. *Tŷ Newydd*

Mae'r englyn hwn yn ddienw yn Llawysgrif Hendregadredd, ond fe'i dilynir gan awdl i Ieuan Llwyd ab Ieuan ap Gruffudd Foel o waith Hillyn, felly mentrais ei briodoli i'r un bardd, a chymeraf mai Ieuan Llwyd (gw. rhif 4 uchod) yw'r Ieuan y cyfeirir ato yma. Mae tystiolaeth gref i Lawysgrif Hendregadredd fod yn llyfr llys i Ieuan Llwyd ar un adeg, gw. *CLIGC*, xxii, 12.

DAFYDD AP GWILYM

9. *Marwnad Llywelyn ap Gwilym*

Roedd Llywelyn yn ewythr i'r bardd, ac fe fu'n dal swydd Cwnstabl Castellnewydd Emlyn tan 1346. Fe'i llofruddiwyd yr adeg honno, neu'n fuan wedyn, yn ôl pob tebyg gan ei ddisodlwr yn y swydd, Richard de le Bere. Fe'i claddwyd yn Llandudoch. Roedd iddo dri chartref, y Ddôl-goch a'r Cryngae yng nghantref Emlyn, a'r Llystyn yn Nyfer. Gwelir pwyslais mawr ar ddysg Llywelyn yma, ac mae'n bur debyg i Ddafydd fod yn ddisgybl barddol iddo (gw. D. J. Bowen, *Dafydd ap Gwilym a Dyfed*, Darlith Lenyddol yr Eisteddfod Genedlaethol, 1986).

117. *fflowr dling dy lis*: trychiad ar *fflowr dy lis*, sef y lili. Benthyciad o'r Ffr. *de lign*, 'o linach, bonheddig', yw *dling*.

10. *Basaleg*

Cartref Ifor Hael oedd Gwernyclepa ger Basaleg yng Ngwent.

11. *Niwbwrch*

Bwrdeistref newydd ym Môn oedd Niwbwrch. Yr enw Cymraeg ar

y lle oedd Rhosyr, fel y gwelir yn ll.7 yma.

24. *buarth baban*: dilynodd Thomas Parry (*GDG* 546-47) esboniad Pughe, 'a lighted stick turned round to divert a child', ond o ystyried yr holl esiamplau fe ymddengys i mi mai corlan fechan gron i gadw baban yn ddiogel oedd hon.

12. *Merched Llanbadarn*

Gw. ysgrif yr Athro D. J. Bowen, 'Cywydd Dafydd ap Gwilym i ferched Llanbadarn a'i gefndir', *YB*, 12, 77-122.

15. *Garwy*: carwr chwedlonol enwog.

14. *Dan y Bargod*

Ar ddefnydd Dafydd o'r serenâd gw. fy ysgrif, 'The serenade and the image of the house in the poems of Dafydd ap Gwilym', *CMCS*, 5, 1-19.

15. *Lladrata Merch*

3. *llerw fro*: ardal y ferch feindwf.

44. *hirun Faelgwn*: pan fu farw Maelgwn Gwynedd o'r pla yn Eglwys Rhos, tybiai ei weision am amser hir mai huno'r oedd.

16. *Caru yn y Gaeaf*

25. *Canhwyllau . . . Paris*: math o ganhwyllau cwyr mawr.

26. *prys addail*: dail y llwyni, trosiad arall am y pibonwy.

17. *Y Niwl*

32, 40. Roedd Gwyn ap Nudd yn bennaeth Annwn a'r Tylwyth Teg.

18. *Noson Olau*

9. *Ofydd*: Roedd y Rhufeinwr Ovid yn enwog yn yr Oesoedd Canol fel bardd serch. Cymh. 19.29, 77.55.

20. *Offeren y Llwyn*

Gw. trafodaeth R. Geraint Gruffydd, *YB*, 10, 181-89, lle awgrymir rhai diwygiadau testunol a dderbyniwyd yma.

9. *swydd . . . Gaer*: iarllaeth Caerlleon.

11. *Ceirio*: rhandir yng ngogledd Ceredigion, cynefin y bardd.

23. Yr Ehedydd

13. *iawnGai angerdd*: Dawn arbennig Cai oedd: 'Cyhyd â'r pren uchaf yn y coed fyddai pan fai dda gantho.' Cymh. 39.67.

51-52.   Bydd un bore mor hir â thragwyddoldeb tra bo'r cariadon gyda'i gilydd, a hynny'n achos llid i'r gŵr eiddig.

53-54.   Cyfeirir yma at y *galanas*, neu iawndal, a delid fel cosb am ladd rhywun. Ystyr *cyngerth* yw 'trist'.

24. Y Gwynt

Ceir nodiadau gwerthfawr ar y cywydd hwn gan yr Athro D. J. Bowen yn *YB*, 9, 57-60.

44.   *Bwa Bach*: llysenw gŵr Morfudd. Cymh. 34.40.

25. Breichiau Morfudd

36.   *Tegau dwf*: merch un ffurf â Thegau Eurfron. Cymh. 27.55.

26. Morfudd fel yr Haul

Trafodwyd y cywydd cyfoethog hwn gan J. Rowlands yn *YB*, 6, 16-44, ac E. Rolant, *Y Traethodydd*, 133, 95-101.

52.   *y Penrhyn*: sef y Penrhyn-coch ger Aberystwyth, mae'n debyg.

27. Difrawder

Ar destun diwygiedig y cywydd hwn gw. *B*, 32, 79-81.

45-46. Gw. golygiad Henry Lewis, *Chwedleu Seith Doethion Rufein*. Cymh. 28.23, 79.33.

28. Dyddgu

33-52.   Cyfeirir at y chwedl am Beredur fab Efrog, gw. Dafydd a Rhiannon Ifans, *Y Mabinogion* (Llandysul, 1980), 167.

58.   *am fy myd*: 'oherwydd fy anwylyd'.

34. Doe

30.   *Pwyll*: Diwygiais destun *GDG* trwy roi priflythyren yma, gan dybio fod chwarae ar yr enw cyffredin a'r enw priod o'r Mabinogi. Cymh. sylwadau R. Geraint Gruffydd ar 20.7 uchod yn *YB*, 10, 182.

36. Cywydd y Gal

Golygwyd y cywydd hwn gennyf i yn *CMCS*, 9, 71-89.

37. Morfudd yn Hen

21.   *Derdri*: merch enwog yn chwedloniaeth Iwerddon, cymh. 67.148.

38. *Yr Adfail*

Gw. sylwadau R. Geraint Gruffydd ar y cywydd yn *YB*, 11, 109-15, ac yn arbennig ei awgrym mai at deulu Gwyn ap Nudd, y tylwyth teg neu'r *toili*, y cyfeirir yn y cwpled olaf. Ystyr *mynd â chroes* yw 'marw', a'r ergyd yw mai galluoedd y tywyllwch sydd wedi lladd trigolion y bwthyn.

GRUFFUDD GRYG

39. *I'r Lleuad*

Mae'r cywydd hwn yn gynnyrch pererindod i Sain Siâm (Santiago de Compostela) yn ystod teyrnasiad y Brenin Harri o Gastîl, 1369-79 (gw. ll.29).

32. *Siacob*: Iago Sant.

67. *hud*Gai: cymh. 23.13.

70. *dy Galis*: o'r Ffrangeg *de Galice*, sef Galicia, y dalaith yr oedd Sain Siâm ynddi.

40. *I'r Byd*

5-6. Rhwng 1305 a 1378 trigai'r Pabau yn Avignon yn neheudir Ffrainc.

41. *Marwnad Rhys ap Tudur*

Diau mai marwnad ffug yw hon, gan mai tua 1411 y cafodd Rhys ei ddienyddio am ei ran yng ngwrthryfel Glyndŵr, cryn dipyn ar ôl cyfnod Gruffudd Gryg. Dengys y cyfeiriad at Risiart Frenin fod y gerdd yn perthyn i'r cyfnod 1377-99. Ceir cywydd mawl i feibion Tudur o Benmynydd gan Iolo Goch, rhif 50 yma. Ychwanegais rai llinellau i'r cywydd hwn trwy ymgynghori â llsgr. Gwysaney 25 (lle priodolir y gerdd i Iolo Goch!).

44. *pwynt Elffin*: o'r un cyflwr rhadlon ag Elffin, noddwr Taliesin.

HYWEL AB EINION LYGLIW

46. *Myfanwy Fechan*

I Ddinas Brân yr anfonir y march yn llatai, ond go brin mai yn y castell y trigai Myfanwy, gan fod hwnnw'n adfeilion ar ôl 1283. Yr unig wybodaeth am Fyfanwy a geir yn y gerdd yw 'mireinwawr *Drefawr*', trefgordd ger Llangollen. Tybed ai hon yw'r Fyfanwy a oedd yn wraig i Ieuaf ab Adda o Drefor, gŵr a oedd yn fyw yn 1313?

2. *fal Garwy*: cymh. 12.15.

26. *berw Caswennan*: gelwid y culfor rhwng Ynys Enlli a'r tir mawr

yn 'ffrydiau Caswennan', gw. *DGG*, 231. Felly trosiad am wynder croen y ferch sydd yma.

41. *dygn gystuddiad Rhun*: efallai y cyfeirir at yr hanes am wŷr y Gogledd yn ymosod ar Wynedd, teyrnas Rhun ap Maelgwn (gw. *TYP* 501), neu at ryw chwedl goll.

49. *Medron* tybed a yw hon yn ffurf amrywiol ar enw'r dduwies Modron, mam Mabon (gw. *TYP* 458)?

IORWERTH AB Y CYRIOG

47. *I Ddiolch am Gae*

Arferai cariadon roi cae, sef tlws ar ffurf cylch, fel arwydd o'u serch. Yn sgil y gerdd hon, canodd Dafydd ap Gwilym gywydd (*GDG* 31) yn collfarnu Iorwerth am dderbyn cae drudfawr yn hytrach na chae bedw fel yr un a gafodd Madog Benfras gan ei gariad yntau.

IOLO GOCH

48. *I Syr Hywel y Fwyall*

Canwyd y cywydd hwn i Syr Hywel, Cwnstabl Castell Cricieth, pan oedd yn hen ŵr, ychydig cyn 1381. Sonnir yma am ei wrhydri ym mrwydr Poitiers, 1356, lle daliwyd Brenin Ffrainc yn garcharor.

63. *mab Erbin*: Geraint, arwr un o'r rhamantau.

69. *Leinort*: ffurf Gymraeg ar *Lionheart*, llysenw y brenin arwrol Rhisiart I. Ei ŵyr, neu ddisgynnydd, yw Rhisiart II, a ddaeth i'r orsedd yn fachgen ifanc yn 1377.

49. *Marwnad Tudur Fychan*

Bu farw Tudur ap Goronwy o Benmynydd yn 1367. Sonnir yma am y cartrefi a oedd ganddo yn Nhrecastell ym Môn ac ym Mrynbyrddau ym mhlwyf Llandygái.

26. *Ricart*: ŵyr Gruffudd ap Cynan, y disgynnai Tudur ohono trwy ei nain.

31. *Hywel*: brawd Tudur, a fuasai farw y flwyddyn flaenorol.

33. *brwydr gyfaddef*: ymadrodd cyfreithiol yn golygu, mae'n debyg, achos llys lle'r oedd y ddwy blaid yn dwyn cwynion yn erbyn ei gilydd, gan gyfeirio yma at y galar cyffredinol ar ôl Tudur.

35-36. Roedd gwraig Tudur yn disgyn o Ririd Flaidd, uchelwr enwog o Bowys yn y 12fed ganrif (cymh. 50.31-32 am feibion Tudur), ond ni lwyddais i olrhain ach Tudur ei hun iddo.

40. Gwyddai Iolo am ddarogan y deuai Llychlynwyr i'r Traeth Coch ym Môn.

48.   *naf Brynffanugl*: Ednyfed Fychan, canghellor Gwynedd yn y 13eg ganrif. Roedd ei lys ger Abergele.

54.   'Gwyddai'n iawn sut i wneud tyllau mewn tarian doredig'.

65.   *Hirerw*: y rhan o Fangor a elwir *Hirael* heddiw. Yno y safai'r priordy lle cleddid teulu Penmynydd.

50.   *Moliant i Feibion Tudur Fychan*
Canwyd y cywydd hwn ar ôl marw'r tad yn 1367, a chyn i Ronwy farw yn 1382.

31-32.   Gw. nodyn 49.35-36.

52.   *Rheged*: teyrnas Urien yn yr Hen Ogledd.

61.   *Erddreiniog*: ger Tregaean.

89.   *Clorach*: rhwng Llannerch-y-medd a Llanfihangel Tre'r-beirdd.

51.   *Llys Owain Glyndŵr*
Canwyd y cywydd hwn tua 1390, pan oedd Owain yn uchelwr llewyrchus yn byw ar ei ystad yn Sycharth ym mhlwyf Llansilin. Roedd yn briod â Margaret, merch y barnwr David Hanmer. Ar bensaernïaeth y tŷ gw. Enid Roberts, 'Tŷ pren glân mewn top bryn glas', *TCHSDd*, 22, 12-47. Fe'i llosgwyd yn ulw yn ystod y gwrthryfel.

21.   Yn ôl traddodiad roedd Maig Mygrfras yn frenin ar Bowys yn y 6ed ganrif.

27-28.   Un o bâr o drawstiau'n cwrdd ym mrig y nenfwd yw *cwpl*.

29-30.   Cyfeirir yma at dŵr Eglwys Gadeiriol Sant Patrick yn Nulyn, ac at Abaty Westminster.

37.   *tai*: hen ffurf yw hon yn golygu holl adeiladau'r llys, a oedd i gyd dan yr un to erbyn y cyfnod hwn.

52.   *Siêp*: marchnad enwog Cheapside yn Llundain.

52.   *I Ddiolch am Farch*
Roedd Ithel ap Robert o Goedymynydd ger Caerwys yn drydydd cefnder i Iolo, ac yn Archddiacon Llanelwy o 1375 tan ei farw yn 1382.

20.   *cadw cylch ag ef*: ymweld ag ef ar daith glera.

57-58.   Safai melin Henllan ar y ffordd rhwng tref Ddinbych a chartref Iolo yn Llechryd.

76.   *y Berfeddwlad*: ardal a gynhwysai gantrefi Rhos, Rhufoniog, Dyffryn Clwyd a Thegeingl.

78.   *gwlad Eingl*: sef Tegeingl; cymh. 53.19.

109.   *Ricart*: ŵyr Gruffudd ap Cynan, gw. 49.26.

53. *Marwnad Ithel ap Robert*
Bu farw Ithel 1af Ebrill 1382, o'r pla niwmonig mae'n ymddangos.
Fe'i claddwyd ym mynachlog Dinas Basing. Trafodir y cywydd gan
Saunders Lewis yn *Meistri'r Canrifoedd*, 64-79.
22. *Croes Naid*: darn o'r wir Groes a fu ym meddiant Tywysogion
Gwynedd.
24. Ergyd y llinell hon yw fod marwolaeth Ithel yn poenydio
pawb.
105. 'Llawer teimlad fod byw'n hir yn ofer'.
109-112. Y brif frawddeg yma yw *canu . . . arodion saint . . . a wnâi'r
cwfaint*, 'canai'r crefyddwyr gerddi sanctaidd'.
133. *da daroedd*: amherffaith *darfod*, 'digwydd', mewn ystyr amodol
sydd yma, h.y., buasai'n dda pe ceid gorffwysfa i'w enaid.
135-36. *Eli . . . ac Enog*: sef Elias ac Enoch, dau a ddyrchafwyd i'r
nefoedd, gw. II Brenhinoedd 2.1-11.

54. *Llys Ieuan, Esgob Llanelwy*
Bu Ieuan Trefor (= Tref Awr, gw. ll.1 yma) yn Esgob Llanelwy o
1394 tan iddo ymuno ag Owain Glyndŵr yn 1404. Ar y darlun o lys
yr esgob a geir yma gw. erthygl Enid Roberts yn *TCHSDd*, 23, 70-
103.
41. Mentrais ddiwygio'r llinell a argraffwyd yn *GIG* trwy
ychwanegu'r gair *mên*, er mwyn cywiro hyd y llinell, a hefyd er
mwyn cael y tair rhan yng ngherddoriaeth yr offeren, sef *treble*,
quatreble a *mean*. Carwn ddiolch i Osian Ellis am awgrymu hyn i mi.
Ystyr *awch atreg* yw 'tanbeidrwydd edifeirwch', gan gyfeirio, mae'n
debyg, at naws grefyddol y gerddoriaeth.

55. *Cywydd y Llafurwr*
Amcan y cywydd anghyffredin hwn oedd annog y llafurwyr i
dderbyn eu safle cymdeithasol a'u dyletswyddau'n ddirwgnach, a
diau fod Gwrthryfel y Llafurwyr yn Lloegr yn 1381 yn gefndir
perthnasol iddo.
1-12. Dyma aralleiriad o brif frawddeg hir y llinellau hyn: 'Pan
ddangoso pobl y byd eu gweithredoedd gerbron Duw ar Fynydd
Olewydd, llawen fydd geiriau hyderus y llafurwr, os talodd ei
ddegwm, yna fe dâl enaid da i Dduw.'
37. *Lusudarus*: cyfeirir at waith diwinyddol â'r teitl *Elucidarium* a
ysgrifennwyd gan Honorius o Augustodunum yn y 12fed ganrif.
Camddeallodd Iolo'r teitl fel enw'r awdur.

57. 'Cân o foliant' yw *emyn* yma.

63. *Hu Gadarn*: Ymerawdwr Caergystennin a llafurwr chwedlonol enwog, gw. *YCM* 187, lle ceir disgrifiad ohono'n aredig.

56. *Marwnad Llywelyn Goch ap Meurig Hen*
Tybir i'r bardd o sir Feirionnydd farw tua 1390.

11-12. Fe ymddengys fod 'mynd i Rufain' yn golygu marw yma. Y *siryfiaeth* yw sir Feirionnydd, mae'n debyg.

17. Mae'n anodd bod yn siŵr beth a olygir wrth *rhif* yma. Yn ychwanegol at y posibiliadau a drafodir yn *GIG*, gellir ystyried 'barddoniaeth' (cymh. Saes. *numbers* yn yr un ystyr).

35-36. Roedd Tydai Tad Awen a Chulfardd yn ddau fardd enwog o'r oesoedd cynnar, ond ni wyddys dim oll am eu gwaith erbyn hyn.

43. *cywydd Ofydd*: y cywydd serch. Cymh. 18.9.

60-61. Roedd Amlyn ac Amig yn gyfeillion chwedlonol enwog. Ceir drama gan Saunders Lewis yn seiliedig ar y chwedl.

57. *Dychan i Hersdin Hogl*
Mae'n debyg fod y cywydd hwn yn gynnyrch tipyn o hwyl rhwng beirdd, a bod Ithel Ddu wedi gosod y dasg o farwnadu'r cymeriad stoc cellweirus Hersdin Hogl. Mae'r cywydd yn barodi ar y farwnad gonfensiynol, gan esgus canmol yr hen wrach am briodoleddau cwbl ffiaidd.

46. *Ceridfen*: y wrach yn Hanes Taliesin.

LLYWELYN GOCH AP MEURIG HEN
58. *Moliant Rhydderch ab Ieuan Llwyd a Llywelyn Fychan*
Trafodais yr awdl hon yn *B*, 35, 20-28. Mae'n debyg ei bod yn perthyn i'r 1380au, ar achlysur pan oedd y ddau gyfaill o Lyn Aeron i ffwrdd yn Lloegr, ar fusnes cyfreithiol o bosibl. Awdl foliant i dad Rhydderch yw rhif 4 uchod.

1. Roedd anhunedd yn un o nodweddion y carwr cwrtais (cymh. ll. 42 isod), ond hefyd y mae chwarae yma ar enw'r cwmwd, Anhuniog, lle trigai Llywelyn Fychan. Roedd Parcrhydderch ychydig filltiroedd i ffwrdd yng nghwmwd Pennardd.

59. *Llys Dafydd ap Cadwaladr*
Ceir awdl arall yn disgrifio llys Bachelldre ym mhlwyf yr Ystog, sir Drefaldwyn, gan Ddafydd Bach ap Madog Wladaidd, rhif 63 isod.

2. *eilewydd glyw*: prydydd gwŷr dewr.

11. *Eliwlad*: nai Arthur.

34. *Llachau*: mab Arthur.

60. *Cywydd i'r Eira*

Dyfais yw'r gŵyn am yr eira i gyflwyno mawl i ddau nai y bardd, y brodyr Hywel a Meurig, meibion Meurig Fychan o Nannau. Cymh. rhifau 80 a 81 isod.

72. *Cae Gwrgenau*: enw'r tir lle'r safai tai'r brodyr.

61. *Marwnad Lleucu Llwyd*

Ar y cywydd enwog hwn gw. trafodaeth R. Geraint Gruffydd yn *YB*, 1, 126-37.

DAFYDD BACH AP MADOG WLADAIDD

63. *Llys Dafydd ap Cadwaladr*

Cymh. rhif 59 uchod. Ceir fersiwn dalfyredig o'r awdl hon yn Llyfr Coch Hergest, gw. *OBWV* t. 49. Adwaenid y bardd hwn wrth y llysenw Sypyn Cyfeiliog hefyd.

2. *Elystan Glodrydd*: brenin Rhwng Gwy a Hafren yn yr 11eg ganrif.

Celliwig: llys Arthur yng Nghernyw.

29. *y Fêl Ynys*: hen enw am Ynys Prydain.

GRUFFUDD AP MAREDUDD

65. *Moliant Tudur ap Gronwy*

Cymh. y cywydd marwnad iddo gan Iolo Goch, rhif 49 uchod.

10. *fab Dyfnwal*: sef Beli ap Dyfnwal Hen, mae'n debyg.

11. *Ffrolo*: tywysog Ffrengig yr honnir i Arthur ei orchfygu a'i ladd wedi ymladdfa galed.

19. *Llachau*: cymh. 59.34.

23. *Ffyrnfael*: brenin Buellt a Gwerthrynion tua 800.

29. *llwyth Tewdwr*: disgynnai Tudur o linach tywysogion Deheubarth trwy wraig Ednyfed Fychan, Gwenllian ferch yr Arglwydd Rhys.

30, 31. Ni wyddys dim am yr hen arwyr *Alltu* a *Carcu*.

36. *Alun*: Roedd Ystrad Alun yn gwmwd ym Mhowys Fadog.

43. *Hafn*: enw afon?

56. Gradifel oedd nawddsant plwyf Penmynydd.

66. *Englynion Gwynedd*

Fe ymddengys mai gweddi i amddiffyn Gwynedd rhag y Farwolaeth Fawr yw'r englynion hyn, gw. trafodaeth Tomas Roberts yn *TCHNM*, 1982, 123-27.

3.   Ffurf arall ar *aur* yw *awr* yma. Ychwanegais *y* er mwyn cywiro hyd y llinell.
21.   Cymeraf mai ffurf orchmynnol yw *nawdd* yma, ac mai *Nawdd . . . Wynedd wen* yw'r brif frawddeg.

67.   *Marwnad Gwenhwyfar*
Ni wyddys pwy oedd y ferch hon o Bentraeth ym Môn.
49.   *Cyrchell*: afon ym Môn.
148.   *Derdri*: cymh. 37.21.

LLYWELYN DDU AB Y PASTARD
68.   *Marwnad Teulu Trefynor*
Tybed ai'r Farwolaeth Fawr a laddodd y teulu hwn o Lyn Aeron?

ITHEL DDU
69.   *Cywydd y Celffaint*
Trafodwyd y cywydd hwn, ynghyd â chyfieithiad Ffrangeg, gan E. Bachellery yn *EC*, 5, 137-47.
46.   *Crona Gawr*: ai'r un â *Cronus* ym mytholeg Groeg? Gw. John Rhys, *Celtic Folklore*, 493-94

IOCYN DDU AB ITHEL GRACH
70.   *Cwrs Clera*
Hanes helyntion y bardd ar daith i Gaer a geir yn yr awdl hwyliog ac aflednais hon.
11-12.   Cymeraf mai enwau lleoedd yw *y Mugarch* ac *y Fferi*.
14.   Mae'r llinell hon yn anorffenedig yn.Llyfr Coch Hergest.
37.   *Gwrlais*: O ystyried llau 47-48 isod, gwelir fod hwn yn gyfeiriad ffraeth iawn. Gwraig Gwrlais oedd Eigr, mam Arthur trwy odineb gydag Uthr Pendragon.

YR IUSTUS LLWYD
71.   *Dychan Arglwydd Mawddwy*
Gwrthrych anffodus yr awdl hon oedd Gruffudd de la Pole, ŵyr Gruffudd ap Gwenwynwyn o deulu brenhinol Powys. Bu ei daid yn ffyddlon i frenin Lloegr yn erbyn Llywelyn y Llyw Olaf.

RHISIERDYN
74.   *Moliant Abad Aberconwy*
Bu Ieuan ap Rhys yn Abad Aberconwy o tua 1378 tan 1398.

17-18, 49.   Fe'i cyffelybir yma i'r ysgolheigion enwog Bede a St. Bernard o Clairvaux.

20.   *y Berfeddwlad*: gw. nodyn ar 52.76.

22.   Mae'r llinell hon un sillaf yn fyr, ac mae'n bosibl fod gair fel *ŵr* yn eisiau cyn *rydd*.

37.   *Girioel*: ffurf lygredig ar enw Gregori Bab, gŵr y cyfeirir ato'n lled aml gan y beirdd fel patrwm o ddysg a huodledd.

SEFNYN

75.   *Moliant Angharad*
Ar yr awdl hon i Angharad, gwraig Dafydd ap Dafydd Llwyd o Drefeilir ym Môn, gw. erthygl D. W. Wiliam yn *TCHNM*, 1983, 31-40.

27.   *Gwenddydd*: chwaer neu gariad Myrddin.

GRUFFUDD LLWYD AP LLYWELYN GAPLAN

76.   *Marwnad Syr Rhys ap Gruffudd Ieuanc*
Roedd gwrthrych y farwnad hon yn fab i Syr Rhys ap Gruffudd, y milwr enwog o Abermarlais. Bu farw yn 1380, ac fe'i claddwyd, fel ei dad, yn nhŷ'r Brodyr Llwydion yng Nghaerfyrddin. Ar yr arfer gyffredin o gludo arfau milwr ar ei geffyl yn ei angladd, a rhoi'r ceffyl i'r eglwys yn gymynrodd, gw. trafodaeth D. J. Bowen yn *YB*, 13, 155-59.

23.   *Berwig*: Berwick yn yr Alban.

44.   *Gwrfan*: arwr chwedlonol.

GRUFFUDD FYCHAN

77.   *Gofyn Telyn*
Cywydd yw hwn i ofyn telyn gan Risiart ap Syr Rhosier Pilstwn o Faelor Saesneg. Enwir ei wraig Lleucu yma hefyd. Priododd ei fab Robert â Lowri, chwaer Owain Glyndŵr, a chymryd rhan yn y gwrthryfel. Bu Rhisiart farw tua 1388.

18.   *cywydd sengl*: cywydd heb gyfeiliant telyn?

19.   *Rhisierdyn*: bardd, awdur rhif 74 uchod.

51-52.   *Telyn . . . Deirtud*: telyn a ganai ar ei phen ei hun.

55.   *llyfr Ofydd*: llyfr serch, cymh. 18.9.

69-70.   *Gruffudd . . . Maelor*: un o dywysogion Powys yn y 13eg ganrif. Mae'r *bêl* yn 72 yn symbol am glod y beirdd. Gwelir yma ymwybyddiaeth o barhad y traddodiad barddol o oes y tywysogion i'r 14eg ganrif.

GRUFFUDD LLWYD

78. I Owain Glyndŵr

Cwynir yn y cywydd hwn fod Owain heb gael ei urddo'n farchog eto, a hynny yn ôl y bardd yn arwydd o gyflwr gwael y byd a'r gormes sydd ar y Cymry.

28. *Caw*: arwr o'r Hen Ogledd.

13-20. Roedd Syr Dafydd Hanmer yn farnwr yn llysoedd y brenin Rhisiart II 1383-87, ac yn dad-yng-nghyfraith i Owain. Milwr enwog o sir y Fflint oedd Syr Grigor Sais. Ar Syr Hywel gw. rhif 48 uchod. Ystyr *estyn* yma yw diweddu corff marw.

20. *Otiel*: un o arwyr rhamantau Siarlymaen.

79. Marwnad Rhydderch

Rhydderch ab Ieuan Llwyd o Barcrhydderch yng Nglyn Aeron yw hwn, cymh, rhif 58 uchod. Mae'n debyg iddo farw yn gynnar yn y 15fed ganrif, ond fe all mai marwnad ffug yw hon.

33-34. Cymh. 27.45.

41-44. Cymh. 75.27. Ceir y llinell, 'diofryt o bawp a gar' mewn hen gerdd a briodolir i Fyrddin.

80. I Hywel a Meurig Llwyd

Cymh. cywydd Llywelyn Goch i'r ddau frawd o Nannau, rhif 60 uchod, a'r farwnad i Hywel, rhif 81 isod.

7. *Liwsidariws*: gw. nodyn ar 55.37.

64. *Adar Llwch Gwin*: yr adar a gododd Alexander i'r awyr mewn caets, 'griffins' yn Saesneg. Mae tarddiad yr ymadrodd yn dywyll, ond fe'i defnyddir yn ffigurol yma yn yr ystyr 'cynheiliaid'.

81. Marwnad Hywel ap Meurig Fychan

Yn ôl pob tebyg perthyn y gerdd hon i flynyddoedd olaf y 14eg ganrif. Nid oes ond un copi llawysgrif ohoni, yn llaw'r bardd Wiliam Llŷn yn llsgr. Thelwall.

2. *Hu Gadarn*: gw. nodyn ar 55.63. Golygai'r arfer o gyfaru fod nifer o lafurwyr yn cyfrannu ych bob un at y wedd er mwyn aredig eu tir ar y cyd. Nid yw'r bardd am wahanu'i bâr o ychen campus yn y modd hwn, ac felly y mae'n ei weld ei hun yn debyg i Hu Gadarn.

5. *ynys*: 'teyrnas' yma, gw. *B*, 17, 268.

21, 38. Roedd Garwy Hir a Eliwlad yn arwyr traddodiadol o'r byd Arthuraidd.

Byrfoddau

AH	*Astudiaethau ar yr Hengerdd*, gol. Rachel Bromwich a R. Brinley Jones (Caerdydd, 1978).
B	*Bwletin y Bwrdd Gwybodau Celtaidd.*
CLIGC	*Cylchgrawn Llyfrgell Genedlaethol Cymru.*
CMCS	*Cambridge Medieval Celtic Studies.*
DGG	*Cywyddau Dafydd ap Gwilym a'i Gyfoeswyr*, gol. Ifor Williams a Thomas Roberts (ail arg. Caerdydd, 1935).
EC	*Etudes Celtiques.*
GDG	*Gwaith Dafydd ap Gwilym*, gol. Thomas Parry (Caerdydd, 1952).
GIG	*Gwaith Iolo Goch*, gol. D. R. Johnston (Caerdydd, 1988).
LlC	*Llên Cymru.*
OBWV	*The Oxford Book of Welsh Verse*, gol. Thomas Parry (Rhydychen, 1962).
TCHNM	*Trafodion Cymdeithas Haneswyr a Naturiaethwyr Môn.*
TCHSDd	*Trafodion Cymdeithas Hanes Sir Ddinbych*
TYP	Rachel Bromwich, *Trioedd Ynys Prydein* (ail arg. Caerdydd, 1978).
YB	*Ysgrifau Beirniadol.*

Geirfa

Mae'r *Geiriadur Mawr* yn cynnwys llawer o'r hen eirfa farddonol, felly dim ond geiriau nas ceir yn hwnnw a roddir yma.

adgnithion 78.27 briwsion
adrgop 17.39 pryf copyn
adrosedd 3.3 trais
adwyn 6.32 tirion
aelofedd 3.5 amlder
afrwysg 40.8 meddw
amner 71.45 pwrs
anarllwys 76.41 dihysbydd?
angerdd 56.33 celfyddyd;
  81.15 ager
anniweidion 2.12 niweidiau
antrais 70.29 gorchestwaith?
anwesog 64.44 anniddig
anynawd 6.37 anaml
arddatgawr 81.52 gwedd aredig
arddelwon 2.7 hawliau?
arddrem 67.32 wynepryd
arglod 67.137 bri
arlleng 76.41 amddiffyn?
arllwybr 53.74 llwybr
arraedd 67.75 ymestyniad
asêd 66.8 fforffed
astrwch 69.53 truenus
atreg 54.41 edifeirwch
baches 35.32 bechan
beirddlith 8.1 yn porthi beirdd
blaendrwyth 49.36, 50.38 y gwirod
  gorau
brif 60.6 gorchymyn cyfreithiol
brwyngur 1.1 poen trist
brwynos 77.66 lle brwynog
brwysctreth 4.53 tâl medd
brydfoll 6.13 brwd a mwll
buarth baban 11.24n., 39.49 corlan
  gron i ddal baban?
camoleg 61.65 ôl traed
camon 65.2 brwydr
camsai 20.15 gwisg offeiriad

canhymddaith 5.28 cydymaith
cannaw 4.23 ewyndon?
cannwyll Fair 16.45 cannwyll gorff
cateirch 57.73 yn erchi bwyd
cater 54.14 'caterer'
catganu 30.45 dilorni
cên 68.9 poeni
ceniad 46.58 caniatâd
cennyw 18.47, 39.35 3ydd un. pres.
  canfod
cerddfraint 4.55 anrhydedd mewn
  cerdd
ceusallt 16.16 = *cawsellt*, 'llestr
  i wneud caws'?
cipiaid 63.37, ysglyfwyr
claswriaeth 50.43 rhandir yn
  perthyn i fynachlog
claws 63.23 'clause'
clodsal 59.15 yn haeddu clod
cludeirio 70.16 casglu ynghyd
coceth 57.51 twyll?
cofain 3.43 llu. *cof*
conglad 2.20 dalfa?
corodyn 24.58 tegan
costombraff 17.37 drudfawr
costrith 9.125 hael?
cotowrach 71.64 cacimwci
creiglofft 48.35 pen craig uchel
crynwst 53.64 cryndod
cwrferch 58.18 yn erchi cwrw
cwyl 78.20 = *cwl*, pechod?
cydladd 51.49, 54.44 cymesur
cyfadaw 6.52 gadael
cylorffon 36.12 ffon i godi cnau
  daear
cylltrawg 55.46 â chwlltwr
cymar 54.83 gwisg esgob
cynechrau 3.1 dechreuad

cyrdd 6.35 cerddi
cyweirdabau 63.27 danteithion
chwatrebl 54.41 'quatreble'
chweifrwysg 4.41 chwyrn
daered 76.8 cymynrodd i'r eglwys
damaes 1.30 colled
darged 50.57 tarian
darpan 54.9 = *darpar*?
datawdd 65.43 ymollwng
deddyw 44.63 etc. 3ydd un. perff.
  dyfod
Deifr 9.13 Saeson
del 72.6 garw
derwraint 57.14 'ringworm'
deuruddeg 77.44 arfogaeth i
  amddiffyn yr wyneb
diadlaes 54.77 dibetrus
diambell 59.39 cyson
diamnofydd 62.1 trugarog
diandlawd 59.35 goludog
diarnabod 43.57 heb wybod
dibrocuriwr 79.49 anhunanol
di-ddain 54.74 hamddenol
dierynaig 50.78 di-ofn
difais 1.46 disathr
diflwng 15.23 tawel
difydig 11.23 agored
difys 56.29 cerdd dafod
diffoddfrwydr 44.28 un nad yw'n
  ffoi o frwydr?
digeirdd 54.6; 66.11 llu. *digardd*,
  difai
digynghorfynt 58.31 difalais
diheilfrys 70.26 lle nad oes croeso
  i wledd
diid 3.18 3ydd un. *diod*, diosg
diorhëwg 47.17 araf, mwyn
dirwŷol 67.123 = *direol*
disyrchu 65.45 dibrisio
dur plad 76.18 'plate armour'
durawdr 4.22 cleddyf neu wayw
  dur?
duw 70.51 diwrnod
Dyfr 80.54 mab Alun Dyfed
dyfri 23.49 arglwydd y dŵr

dyfriwo 42.30 chwilfriwio
dylawn 26.37 llawn
edau 6.40 3ydd un. dyf. *adaw*,
  gadael
ednaint 6.35 adar
engylawr 53.19 engylaidd
eiddwyr 15.11 gwŷr eiddigus?
eilewydd 59.2, 75.15 prydydd
eirthgrwydr 15.15 gwasgaredig
erdelydd 62.34 llu. *ardal*
erynaig 50.29 ofn
ethrylysg 56.51 eiddil
ethwyf 33.9, 46.75 1 un. perff.
  myned
ffallech 71.26 dyn byrdew
ffrier 76.52 'friar'
gaflawais 70.4 asen fforchog?
galongael 77. 39 yn gorchfygu'i
  elynion
geirior 68.22 arglwydd y gair,
  sef Duw
goddehau 59.29 ffrwythlon
gogyweg 5.13 anaf
golygordd 43.23 gwarchodwr
gorllawr 53.74 wyneb y ddaear
grawn de Paris 54.71 'cardamom'
griors 30.31 math o chwarae gyda
  hobi hors?
grysynt 58.59 gresyn, gofid
gwaelfyrn 9.89 beichiau drwg
gwaetgny 68.6 a'u gwaed wedi'i
  ddifa?
gwaling 57.66 torllwyth
gwarag 71.14 bwa
gwaster 70.52 gweddillion
gwedre 42.28 tyddyn
gweinian 71.11 'vagina'?
gwialen 14.13 pared
gwilers 57.71 tin caseg
gwindydwedd 66.6 gwlad y gwin
gwladlwydd 54.2 yn peri ffyniant
  gwlad
gwyndais 70.30 trawstiau
gwyrddling 77.56 'Bog-Myrtle'
gythwraig 57.1 gwraig gecrus?

he 71.22 yn gwasgar
hefis 57.26 pais
heilbryn 9.133 yn prynu diod
heri 57.90 cloff
hers 57.21, 24, 72, 82 tin
hoddiaw 4.7 rhwyddhau
hoedran 1.20 gofid
huawdr 4.22 galluog
hudffat 57.79 pair hud
hwl 36.39 cib
hwyrwyd 66.17 dibechod
hyglau 59.51 parod iawn
hylawchau 59.52 llochesau?
ieuor 81.8 iau
letenia 53.84 litani
llawchfeirdd 65.8 yn rhoi lloches
   i feirdd
lledwr 77.45 concwerwr
lleifiad 65.21, 46 lleiddiad
lleu 74.30 darllen?
lleuryd 67.72 traethell
llideigrbraff 61.25 llif o ddagrau
   mawr
llifran 1.3 grudd a'r dagrau'n llifo
   drosti
llithged 1.7 rhodd sy'n denu
llwyddrangawdd 6.5 gofid helaeth
llydawd 65.26 clodfawr
llyerwfryd 3.49 meddwl gwan
llygrant 1.19 niwed
maeliereg 9.70 wedi'i phrynu
manar 5.26 pridd mân
manwyaidd 50.40 tirion
meddlad 74.5 llawn medd
menawd 5.25 3ydd un. dyf. *menu*,
   effeithio ar?
midlan 49.12 maes twrnamaint
minrhasgl 10.12 llyfnfin
murnio 49.11, 57.20 ffugio
mwthl 45.58 = *mwth*, 'cyflym'?
mynwyn 25.52 gwyn ei wddf
mywydd 28.30 = *muchudd*, 'jet'?
nawplad 51.37 a naw rhaniad yn
   y ffrâm bren
newidlong 66.14 llong fasnach

noter 24.23 ysgrifennydd
nur 4.59 arglwydd
oddáin 51.7, 9 cyflym
olwyngarn 52.40 â charn crwn?
oris 48.51 'iris'
paeledwlyb 36.15 â phen gwlyb
paladflith 36.15 â phaladr llaethog
para 83.22 pa fath
pastawd 73.27?
pedroglion 50.17 cedyrn
pedrydog 77.28 grymus
peibl 55.2 llu. *pabl*, bywiog
pergyn 44.11 gwaywffon
planbren 36.42 'dibble'
pliant 54.79 lliain main
plwyw 57.64 pridd
pomelgadr 59.59 â charn cadarn
porffer 53.144 arglwydd cryf
pri 53.56 awr gyntaf y dydd
prifai 56.44 meistrolgar
proses 44.49 cyfansoddiad
pyllaid 53.118 mentyll?
pynt 58.36; 82.29 pontydd
rwnsag 43.49 'ransack'?
rheidlyw 76.58 arweinydd mewn
   cyfyngder
rheiniad 68.9 rhoddwr
rheolus 70.8 gormesol?
rhesonabl 52.83 doeth
rhuddai 59.22 brown?
rhwyd adain 36.5 peth i gadw'r
   rhwyd rhag suddo ('float')
rhwygan 70.7 disgleirwyn
rhwysgainc 48.61 rhaff ffrwyno?
rhysywin 57.48 hwch
senw 57.42 anrhydedd
serchog 18.3 etc. carwr
serlwy 53.88 casgliad o sêr?
sorel 57.17 'sorrel', planhigyn sur
symu 1.30 cyfrif
talbarth 48.18 llawr y neuadd
talgrofft 51.42 talar?
talwg 51.47 â'i dalcen yn gwgu
tancwd 78.18 sgrotwm

terra 53.1 daear
tinhwygo 70.6 'to bugger'
tir bwrdd 51.63 tir a weithid gan
    daeogion
titmant 36.41 cyhuddiad
trafnidr 67.113 cyfnewid
trend 83.22 gwyrni
troedffust 57.79 dolen ffust
wtied 12.34 aed

yngnif 65.5 brwydr galed
ymefin 24.33 cyffiniau?
ymgerydd 9.44 beio
ysgornach 71.63, 64 dirmygedig?
ysterlingod 1.29 darnau arian
ystrethbis 57.26 yn cadw troeth
    i mewn
yswîn 71.57 mochyn?